Oriental Dragon
地圖上的中國

地理百科・中華概貌

黃曉鳳 鄔來勇 主編

中華書局

目錄

中國在地球上的哪個位置呢？

中國的陸地面積約為**960萬**平方公里，在世界各國中僅次於俄羅斯和加拿大，居世界第三位。

中國領土的最北端：黑龍江省漠河以北黑龍江主航道的中心線
中國領土的最東端：黑龍江與烏蘇里江的匯合處
中國領土的最南端：南沙群島中的曾母暗沙
中國領土的最西端：帕米爾高原

中國位於地球的**北半球**和**東半球**。
中國位於**亞洲**。
中國的**東部**和**南部**有一望無際的大海。

以赤道為界，劃分南北半球。
以西經20°和東經160°組成的經線圈為界，劃分東西半球。

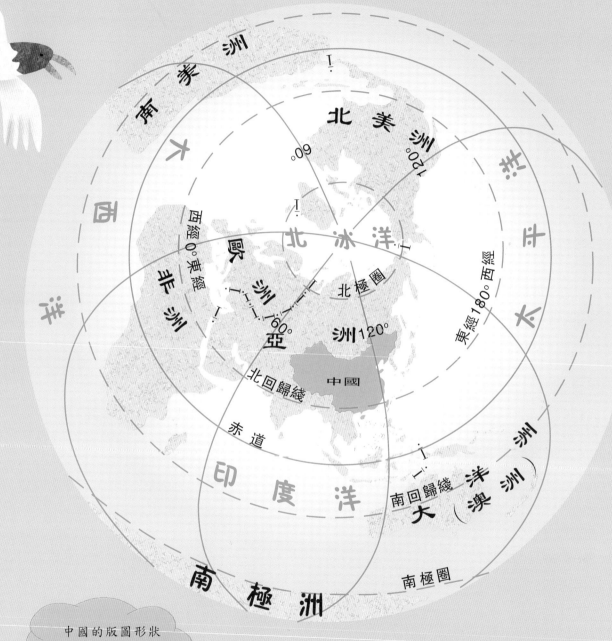

北美洲

南美洲

大西洋

北冰洋

亞洲

歐洲

非洲

太平洋

印度洋

大洋洲（澳洲）

南極洲

北極圈

西經0°東經

60°

60°

120°

120°

120°

東經180°西經

北回歸線

赤道

南回歸線

南極圈

中國

中國的版圖形狀
像甚麼？

3

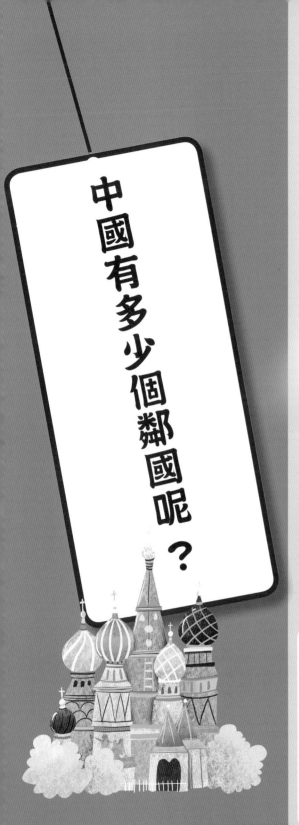

中國有多少個鄰國呢？

與中國陸上相鄰的國家有14個：朝鮮、俄羅斯、蒙古、哈薩克斯坦、吉爾吉斯斯坦、塔吉克斯坦、阿富汗、巴基斯坦、印度、尼泊爾、不丹、緬甸、老撾和越南。

與中國隔海相望的國家有6個：日本、韓國、菲律賓、馬來西亞、印度尼西亞和文萊。

菲律賓的**水上集市**非常繁榮。

俄羅斯套娃

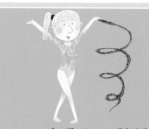

俄羅斯的**體操**水平居世界前列。

哈薩克斯坦的**畜牧業**以養羊為主。

相撲是日本的一種摔跤運動，也是日本的國技。

亞洲象現在主要分佈在印度、泰國、柬埔寨、越南等國家。

泰姬陵是印度最有名的古迹之一。

與中國相鄰的哪個國家面積最大？

富士山是日本的最高峰，是一座美麗的活火山。

西伯利亞火車

俄 羅 斯

（俄羅斯亞洲部分）

體操

綿羊

俄羅斯套娃

哈薩克斯坦

蒙 古

蒙古包

蒙古族賽馬

相撲

日本

富士山

朝鮮

韓國

朝鮮族長鼓舞

吉爾吉斯斯坦

塔吉克斯坦

渤海

黃海

太

阿富汗

克什米尔

中華人民共和國

東海

平

巴基斯坦

尼泊爾

不丹

太熊貓

亞洲象

印

度

緬甸

老

菲律賓

水上集市

洋

南

撾

越

南

海

泰姬陵

香蕉

文萊

馬來

西亞

馬

來

西

亞

橡膠樹

印 度 尼 西 亞

印度耍蛇人

印度尼西亞人

圖例：熊貓出沒

5

中國有多少個省級行政區呢？

中國有34個省級行政區，包括4個直轄市、23個省、5個自治區、2個特別行政區。

中華人民共和國國旗

中華人民共和國國徽

N
W　　E
S

天安門

烏魯木齊

新疆維吾爾自治區

區

治

自

古

蒙

內

呼和浩特

甘肅省

銀川

寧夏回族自治區

西寧

蘭州

青海省

北京市
北京★
天津
天津市

山西省
太原
河北省
石家莊

濟南

山東省

陝西省

西安

河南省
鄭州

江蘇省
合肥
南京
上海
上海市

安徽省

西藏自治區

拉薩

成都

四川省
重慶

重慶市

湖北省
武漢

南昌

杭州

浙江省

釣魚島　赤尾嶼

特別行政區依據《中華人民共和國憲法》第31條建立，特別行政區在「一國兩制」的原則下在各方面（除國防及外交）實行高度自治。現時有香港特別行政區和澳門特別行政區。當地政府的領導人稱為行政長官，俗稱特別行政區首長（簡稱「特首」）。

長沙
湖南省

貴州省
貴陽

江西省

福建省
福州

昆明

雲南省

廣西壯族自治區

南寧

廣東省
廣州

澳門　香港
澳門特別行政區　香港特別行政區

台北

台灣省

位於中國最南端的省級行政區是哪個？

海口
海南省

南海諸島

直轄市即直接由中央政府所管轄的建制城市。直轄市往往需要較多的居住人口，且通常在全國的政治、經濟和文化等各方面具有重要地位。我國現有四個直轄市：北京市、天津市、重慶市、上海市。

6

澳門特別行政區是中國面積最小的省級行政區，也是人口最少的省級行政區。

香港特別行政區於1997年7月1日香港回歸祖國時成立。

河南省是中國人口（戶籍人口）最多的省級行政區，總人口超過1億。

浙江省是中國島嶼最多的省級行政區。

維吾爾族歌舞

新疆維吾爾自治區是中國面積最大的省級行政區。

自治區是一種行政區劃名稱。民族自治區享有憲法、民族區域自治法和其他法律規定的民族自治權。自治區的行政地位相當於省，自治州相當於市，自治縣（自治旗）相當於縣。我國現有五個少數民族自治區：西藏自治區、新疆維吾爾自治區、寧夏回族自治區、內蒙古自治區、廣西壯族自治區。

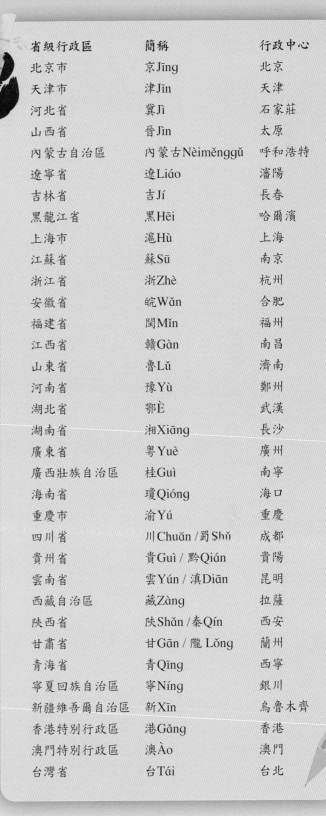

省級行政區	簡稱	行政中心
北京市	京 Jīng	北京
天津市	津 Jīn	天津
河北省	冀 Jì	石家莊
山西省	晉 Jìn	太原
內蒙古自治區	內蒙古 Nèiměnggǔ	呼和浩特
遼寧省	遼 Liáo	瀋陽
吉林省	吉 Jí	長春
黑龍江省	黑 Hēi	哈爾濱
上海市	滬 Hù	上海
江蘇省	蘇 Sū	南京
浙江省	浙 Zhè	杭州
安徽省	皖 Wǎn	合肥
福建省	閩 Mǐn	福州
江西省	贛 Gàn	南昌
山東省	魯 Lǔ	濟南
河南省	豫 Yù	鄭州
湖北省	鄂 È	武漢
湖南省	湘 Xiāng	長沙
廣東省	粵 Yuè	廣州
廣西壯族自治區	桂 Guì	南寧
海南省	瓊 Qióng	海口
重慶市	渝 Yú	重慶
四川省	川 Chuān / 蜀 Shǔ	成都
貴州省	貴 Guì / 黔 Qián	貴陽
雲南省	雲 Yún / 滇 Diān	昆明
西藏自治區	藏 Zàng	拉薩
陝西省	陝 Shǎn / 秦 Qín	西安
甘肅省	甘 Gān / 隴 Lǒng	蘭州
青海省	青 Qīng	西寧
寧夏回族自治區	寧 Níng	銀川
新疆維吾爾自治區	新 Xīn	烏魯木齊
香港特別行政區	港 Gǎng	香港
澳門特別行政區	澳 Ào	澳門
台灣省	台 Tái	台北

華北地區

這片大地曾是燕趙故地，匈奴的草場，還是成吉思汗彎弓射大雕的地方。

這裏地域寬廣，有蒙古高原、巍巍太行山。

我們的偉大祖國的心臟——首都北京也在這裏。

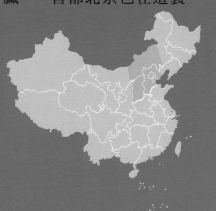

太行山是中國東部地區的重要山脈和地理分界線，聳立於北京、河北、山西、河南4省、市間。

長城是世界上最宏大的防禦軍事工程，綿延8800多公里，被稱為「萬里長城」。

渤海是中國的內海，三面環陸，位於遼寧、河北、山東、天津之間。

地跨長城內外，位於黃河以北

N W E S

蒙古族摔跤

錫林浩特市　錫林郭勒草原

內蒙古自治區（中部）

紅山水庫

赤峰市

壩上草原

勒勒車

烏蘭察布市

承德市　承德避暑山莊

○包頭市

張家口市　河

◎呼和浩特市

○鄂爾多斯市

大同市

北京市
北京市　河　秦皇島市○　○山海關區

恒山

北　天津市
廊坊市　唐山市

朔州市

褐馬雞　北　北戴河

保定市

華北油田

挖煤

忻州市　滄州市

山　石家莊市◎　省

太原市◎
陽泉市　趙縣　吳橋

呂梁市　晉中市　衡水市

西　邢台市

平遙　趙州橋

平遙古城　省

晉商大院　邯鄲市

長治○

臨汾市

晉城市

黃河

壺口瀑布

運城市○　山西陳醋

北京市、天津市被哪個省環繞着？

8

北京市

北京市，簡稱「京」，中華人民共和國的首都，當代中國政治、文化和國際交往中心，中央直轄市。

【面積】約 1.7 萬平方公里
【人口】戶籍人口 1,281 萬，常住人口 2,019 萬
【行政區劃】現轄 14 個區、2 個縣
【世界遺產】故宮博物院、明十三陵、周口店「北京人」遺址、長城、天壇、頤和園

天安門位於北京市中心，歷次的國慶大閱兵都在這裏舉行。

北京故宮也稱紫禁城，是明、清兩代皇帝辦公和居住的地方，是世界上規模最大、保存最完整的木質結構的古建築群。

頤和園是北京城內一座美麗的大型皇家園林。

京劇是中國的國粹。

天壇是明、清兩代帝王祭祀皇天、祈求五穀豐登的地方。

圓明園是清朝一座大型皇家宮苑，有「萬園之園」之稱。1860年，圓明園遭到英法聯軍的洗劫，並被大火焚毀，今僅存遺迹。

北京自然博物館主要從事古生物、動物、植物和人類學等領域的標本收藏、科學研究和科學普及工作。

北京地鐵始建於1965年，最早的線路竣工於1969年，是大中華地區第一個地鐵系統。擁有十多條線路，幾百座車站分佈在各條線路上，把偌大一個北京城從地下連接起來了。北京地鐵目前是世界上運營里程最長的城市軌道交通系統之一。

北京大學、清華大學是中國最著名的兩所高等學府，是無數青少年嚮往的地方。

鳥巢、水立方分別是國家體育場和國家游泳中心的俗稱，是2008年北京奧運會標誌性建築物。

天津市

天津市，簡稱津，為中央四個直轄市之一。海河五大支流（南運河、子牙河、大清河、永定河、北運河）匯合處和入海口。

【面積】陸地面積約 1.2 萬平方公里
【人口】戶籍人口 1,000 萬，常住人口 1,355 萬
【行政區劃】現轄 13 個區、3 個縣

津門三絕狗不理包子、桂發祥麻花、耳朵眼炸糕被譽為「津門三絕」。
泥人張彩塑是天津藝人張明山創造的彩繪泥塑藝術品，是天津的一絕。「泥人張」在清代乾隆、嘉慶年間已享有很高聲譽。
楊柳青年畫採用木版套印和手工彩繪相結合的方法，創立了鮮明活潑、喜氣吉祥的獨特風格。
獨樂寺是國內最古老的高層木結構樓閣式建築。始建於隋，重建於遼（公元984年）。

天津港地處渤海灣西端，是目前中國最大的人工深水港，是我國華北、西北和京津地區的重要水路交通樞紐。

盤山被譽為「京東第一山」，山勢雄奇，乾隆帝贊歎為「早知有盤山，何必下江南」。

天津人愛**相聲**，茶餘飯後聽相聲、說相聲。

黃崖關城是明代薊鎮長城的重要關隘。

河北省

河北省，簡稱冀，位於黃河下游以北，環繞首都北京，並與天津市毗連，自古為京畿要地。

【面積】陸地約 19 萬平方公里
【人口】戶籍人口 7,345 萬，常住人口 7,241 萬
【省會】石家莊市
【行政區劃】轄 11 個地級市、37 個市轄區、22 個縣級市、107 個縣、6 個自治縣
【世界遺產】承德避暑山莊及外八廟、明東陵、清西陵、長城

承德避暑山莊是清代皇帝避暑和處理政務的場所，與頤和園、拙政園、留園並稱為「中國四大名園」。

北戴河海濱是離北京最近、規模較大、風景優美、設施齊全的海濱避暑勝地。

省級行政區是中國最高級別的行政區，即中國一級行政區，包括**省、自治區、直轄市和特別行政區**。

地級市、地區、自治州、盟為中國行政區劃中的二級行政區（即地級行政區）名稱。

縣級市、縣、區、自治縣、旗、自治旗是中國行政區劃中的三級行政區名稱（即縣級行政區），由地級行政區管轄。

世界雜技看中國，中國雜技在吳橋。

吳橋雜技

山海關是長城上的一個關隘，過去被認為是明長城的最東端，所以有「天下第一關」之稱。

趙州橋建於隋代大業年間，由著名匠師李春設計和建造，距今已有約1,400年的歷史，是當今世界上現存最早、保存最完善的古代敞肩石拱橋。

滄州武術

武強年畫

白洋淀是典型的北方濕地，物產豐富，是鳥的王國、魚的樂園、多種水生植物的博物館。

木蘭圍場位於河北省北部與內蒙古草原接壤之處。這裏草原和山地相間，水草豐美，禽獸繁衍，曾是清代皇帝狩獵的地方。

秦皇島港地處渤海之濱，扼東北、華北的咽喉，是我國北方著名的天然不凍港，是中國「北煤南運」大通道的主樞紐港。

山西省

山西省，簡稱晉，地處太行山以西的黃土高原，北界長城與內蒙古自治區接壤，西隔黃河與陝西省相望，南抵黃河與河南省為鄰，東依太行與河南、河北兩省毗連。

【面積】約 16 萬平方公里
【人口】戶籍人口 3,500 萬，常住人口 3,593 萬
【省會】太原市
【行政區劃】現轄 11 個地級市、23 個市轄區、11 個縣級市、85 個縣

平遙古城位於山西平遙縣，是一座具有2700多年歷史的文化名城，與四川閬（làng）中、雲南麗江、安徽歙（shè）縣並稱為「保存最為完好的四大古城」。

壺口瀑布是黃河上的著名瀑布。黃河至此，河口收束狹如壺口，兩岸石壁峭立，故名壺口瀑布。

雲岡石窟是我國最大的石窟之一，與敦煌莫高窟、洛陽龍門石窟和天水麥積山石窟並稱為「中國四大石窟藝術寶庫」。

五台山是中國佛教聖地、避暑名山。它與四川峨眉山、安徽九華山、浙江普陀山共稱「中國佛教四大名山」。

山西陳醋非常有名。

黃河流域（山西、陝西、河北、河南、山東等地）是中國麵食的發祥地之一。人們喜食麵食，逢年過節及婚喪嫁娶時，都要捏製麵塑以示慶祝，形成了豐富的**麵食文化**。

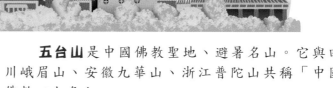

日昇昌票號是成立在山西省平遙縣的中國歷史上第一家票號。票號就是清朝時期的「銀行」。

晉商大院是指明清時期山西境內一些有錢的商人建造的房宅，最著名的有喬家大院（張藝謀導演的電影《大紅燈籠高高掛》的取景地）、王家大院、申家大院等。

大同是中國的「煤都」。

褐馬雞

內蒙古自治區

內蒙古自治區，簡稱內蒙古，位於我國北部邊疆地區，地跨東北、華北、西北，東西直線距離 2400 多公里，是我國經度跨度最大、接壤省（區）最多的省級行政區。

【面積】118 萬平方公里
【人口】戶籍人口 2,466 萬，常住人口 2,482 萬
【首府】呼和浩特市
【行政區劃】現轄 9 個地級市、3 個盟、21 個市轄區、11 個縣級市、17 個縣、49 個旗、3 個自治旗

在中國行政區劃中「**首府**」常特指民族自治地區的行政中心。

　　盟、旗是內蒙古地區的民族自治行政單位，「盟」相當於市，「旗」相當於縣。

蒙古族是中國北方主要民族之一，善於騎射、狩獵、放牧，居住的房屋稱為蒙古包。

蒙古包是蒙古族牧民居住的一種房子，建造和搬遷都很方便，適於牧業生產和遊牧生活。

呼倫貝爾草原是中國草場質量最好、風光最為絢麗的地方之一，因遼闊、寬廣、美麗而令人嚮往。（參見14頁東北地區地圖）

額濟納胡楊是一個神奇的樹種，春夏為綠色，深秋為黃色，冬天為紅色，有着「活着三千年不死、死後三千年不倒、倒後三十年不朽」的美譽。

「那達慕」大會是草原人民一年一度的節日盛會，每年七八月間人們身着盛裝，聚集一堂，參加摔跤、賽馬、射箭等競技比賽和一些遊藝活動。

昭君出塞

　　成吉思汗本名鐵木真，公元1206年被推舉為蒙古大汗，統一蒙古各部落，建立了蒙古汗國。曾先後滅西遼和西夏，其後裔又滅了金和南宋，版圖擴展到中亞、南俄，建立起了橫跨亞歐兩大洲的蒙古汗國。

　　忽必烈是元朝創建者，著名的軍事家、政治家，於1279年滅南宋，統一了全國，建立了中國歷史上第一個少數民族統治全國的王朝——元朝，基本上奠定了中國統一的多民族國家的版圖，加強了各民族之間的聯繫。

　　相傳宋朝最後一位皇帝宋端宗趙昰和其弟趙昺被元朝軍隊追逼，南逃流亡至香港九龍。後人雕刻「**宋王台**」石碑以紀念此事。

　　阿爾山以獨特的火山地貌和優質的礦物溫泉被評為國家地質公園，是中國目前最大的火山溫泉國家地質公園。

東北地區

這裏包括山海關以東的遼寧、吉林和黑龍江三省。

這裏背靠關內中原，面對黃海和渤海灣，是中國老工業基地。

這裏是中國地理緯度最高的地區，冬季特別寒冷。

這裏有肥沃的黑土地，生長着大豆和高粱，地下儲藏着煤、鐵、石油和黃金。

東北二人轉是流行於遼寧、吉林、黑龍江三省和內蒙古東部的走唱類曲藝。

滿漢全席是起源於清朝宮廷，集合滿族和漢族飲食特色的巨型筵席。其菜式豐富，取材廣泛，用料精細，山珍海味無所不包。

本幅地圖中繪製的內蒙古自治區是這一部分

大馬哈魚在江裏生，海裏長。

東北「三寶」通常指的是人參、貂皮和鹿茸，主要產於吉林省的長白山區。

14

遼寧省

遼寧省，簡稱遼，位於中國東北地區的南部。因為遼河縱貫省內，取「遼河流域永久安寧」之意而得名。西南與河北省臨界，西北與內蒙古自治區毗鄰，東北與吉林省接壤，東南隔鴨綠江與朝鮮相望，南臨渤海和黃海。

【面積】陸地面積約 15 萬平方公里
【人口】戶籍人口 4,255 萬，常住人口 4,383 萬
【省會】瀋陽市
【行政區劃】現轄 14 個地級市、56 個市轄區、17 個縣級市、19 個縣、8 個自治縣
【世界遺產】瀋陽故宮，清盛京三陵（永陵、福陵、昭陵），高句麗王城、王陵及貴族墓葬（桓仁縣），九門口長城

大連南部海濱是集山、海、島、灘為一體的綜合性海濱度勝地。有棒槌島、石槽村、老虎灘、星海灣等十大景區。其中老虎灘和星海灣最為著名。

盤錦紅海灘位於遼河入海口，是保存完好的國家濕地自然保護區。景區內棲息着丹頂鶴、黑嘴鷗等諸多鳥類。

遼東半島是中國第二大半島，位於遼寧省南部。它的北面邊界是鴨綠江口與遼河口的聯線，其他三面臨海。

瀋陽故宮博物院為世界文化遺產，是僅次於北京故宮的宮殿建築群。

鴨綠江是位於中國和朝鮮之間的一條界江，發源於長白山主峰白頭山南麓的長白山天池（白頭山天池），經中國吉林、遼寧兩省，流入黃海北部的西朝鮮灣。鴨綠江入海口是中國大陸海岸線的最北端。

大連是個廣場眾多的海濱城市，有星海廣場、友好廣場、人民廣場、中山廣場等。

遼河油田位於遼河下遊、渤海灣畔，遼河油田總部坐落於盤錦。

滿族是北方少數民族之一。旗袍是滿族婦女傳統服飾。

吉林省

吉林省，簡稱吉，位於中國東北地區中部。因省會最初設在吉林市而得名。東與俄羅斯接壤，東南以圖們江、鴨綠江為界河與朝鮮相望，西南接遼寧省，西接內蒙古自治區，北鄰黑龍江省。

【面積】約 19 萬平方公里
【人口】戶籍人口 2,727 萬，常住人口 2,749 萬
【省會】長春市
【行政區劃】現轄 8 個地級市、1 個自治州，20 個市轄區、20 個縣級市、17 個縣、3 個自治縣
【世界遺產】高句麗王城、王陵及貴族墓葬（集安市）

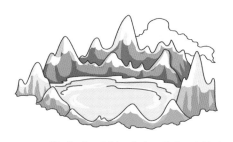

長白山天池（白頭山天池）

位於吉林省東南部長白山巔，為中朝兩國的界湖。海拔2,194米，是中國最高的火山口湖，也是中國最深的湖泊。松花江、鴨綠江、圖們江三江發源於此。

長白山是東北第一高峰，號稱「東北屋脊」，位於中國和朝鮮邊界。主峰長白山是一座休眠的活火山，曾多次噴發。

圖們江位於吉林省東南邊境，是中國大陸與朝鮮的界河，發源於長白山東南部，幹流全長525公里，注入東面的日本海。

紅葉穀是長白山餘脈老爺嶺的一條山穀。每到金秋時節，百里峽谷，漫山紅葉，十分迷人。

長春市是中國最早的工業發展基地，是中國汽車工業的搖籃。從第一輛轎車在這裏誕生起，就成為馳名中外的「汽車城」。現在國家領導人乘坐的紅旗牌轎車都是在這兒生產的。

朝鮮族中國少數民族之一，主要分佈在吉林、遼寧、黑龍江三省。打糕、冷麵、泡菜是朝鮮族最有名的傳統風味食品。

長影世紀城位於長春市淨月潭風景區西側，是大型電影文化主題公園，有「東方好萊塢」之譽。

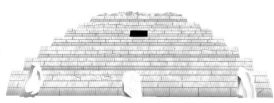

高句麗的都城

霧淞俗稱樹掛，是在有霧的寒冷天氣裏，霧滴凍結附着（zhuó）在草木和其他物體迎風面的疏松凍結層。吉林省吉林市松花江邊的霧淞與桂林山水、雲南石林和長江三峽並稱為「中國四大自然奇觀」。

黑龍江省

黑龍江省，簡稱黑，位於東北，是中國位置最北及最東的邊境省份，因境內最大的河流黑龍江得名。東、北以烏蘇里江、黑龍江為界河與俄羅斯為鄰，西與內蒙古自治區毗鄰，南與吉林省接壤。

【面積】約 46 萬平方公里
【人口】戶籍人口 3,834 萬，常住人口 3,834 萬
【省會】哈爾濱市
【行政區劃】現轄 12 個地級市、1 個地區、64 個市轄區、18 個縣級市、45 個縣、1 個自治縣

黑龍江是我國第三大河流，中俄界江。

大興安嶺位於黑龍江省、內蒙古自治區北部，是內蒙古高原與松遼平原的分水嶺，是我國重要的林業基地之一。

大慶油田位於黑龍江省境內。1959年9月26日16時許，一座油井裏噴射出的黑色油流，改寫了中國石油工業的歷史，此時正值新中國成立十週年，於是將該油田取名大慶油田。

中國的最北點和最東點都在黑龍江省。黑龍江省地形大致是西北部、北部和東南部高，東北部、西南部低，主要由山地、台地、平原和水面構成。

五大連池位於五大連池市區北部，周圍分佈有14座火山和60多平方公里的熔岩台地，有「火山公園」「自然火山博物館」之稱。

索菲亞教堂是遠東地區最大的東正教教堂。巨型洋蔥頭式大穹頂，宏偉壯觀，可以同莫斯科的瓦西里教堂相媲美。

北極村是中國最北的城鎮，是中國觀測北極光的最佳地點。中國「北方第一哨」北極哨所就在北極村。

赫哲族是我國人口極少的民族之一，約4,000人，多居住在黑龍江，以從事漁業生產為主。

東北大秧歌是東北地區老百姓最喜愛的民間歌舞。

正教會，也稱為東正教會，簡稱東正教，是基督教和東方基督教的主要宗派之一。與天主教及新教並列為基督教三大宗派，主要分佈在巴爾干半島、東歐和西亞。

哈爾濱冰雪節是我國歷史上第一個以冰雪活動為內容的國際性節日。

西北地區

西部地區氣候比較乾旱，有很多沙漠戈壁，塔克拉瑪干沙漠是中國最大的沙漠。

黃土高原、窯洞、兵馬俑、革命聖地延安位於這個地區。

崑崙山脈是橫貫中國西部的高大山脈。

三江源地處青藏高原腹地，平均海拔4,200米，是長江、黃河、瀾滄江的發源地，被譽為「中華水塔」。

秦始皇陵兵馬俑是安葬中國第一個皇帝秦始皇時專門製作的陪葬品，世界文化遺產，被譽為「世界第八大奇迹」。

準噶爾盆地

克拉瑪依市

伊寧市

天　　山

◎烏魯木齊

吐魯番

艾丁湖 −154.31

喀什市

庫爾勒市

新 疆 維 吾 爾 自 治 區

塔 克 拉 瑪 干 沙 漠

塔 里 木 盆 地

和田市

20世紀三四十年代，**革命聖地延安**是中國革命的指揮中心和總後方。

秦始皇陵是我國第一個封建皇帝的陵墓。陵園仿照秦國都城咸陽的布局建造，陵墓周圍築有內外兩重城垣，分別象徵皇城和宮城。

半坡遺址位於陝西，是中國發現的一處保存較好的大規模新石器時代聚落遺址，也是黃河流域規模最大、保存最完整的原始社會母系氏族村落遺址。

秦嶺橫貫中國中部，主體位於陝西中南部。秦嶺——淮河是中國地理上的南北分界線。

華（huà）**山**是「五嶽」中的西嶽，因地勢險要而著名，有「自古華山一條路」的說法。

陝西省

陝西省，簡稱陝或秦，位於中國西北地區東部的黃河中游，東隔黃河與山西省相望，西連甘肅省、寧夏回族自治區，北鄰內蒙古自治區，南連四川省、重慶市，東南與河南省、湖北省接壤。

【面積】約 21 萬平方公里
【人口】戶籍人口 3,909 萬，常住人口 3,743 萬
【省會】西安市
【行政區劃】現轄 10 個地級市、24 個市轄區、3 個縣級市、80 個縣
【世界遺產】秦始皇陵及兵馬俑坑

窯洞 是黃土高原的民居。一般修在朝南的山坡上，當地人民鑿黃土而成屋，背靠山，面朝開闊地帶。

生活在新疆的駱駝有幾個駝峰？

本幅地圖中繪製的內蒙古自治區是這一部分

呼倫貝爾
治 區 自
內 蒙 古 呼和浩特 赤峰
額濟納旗 包頭
阿拉善左旗

信天遊 是陝北民歌中一種特別的體裁，其藝術手法多為借景抒情，曲調優美，朗朗上口。歌詞口語化，形象生動，具有極強的藝術感染力。

安塞（sài）**腰鼓** 是陝北獨特的民間大型舞蹈藝術形式，將舞蹈、武術、體操、打擊樂、吹奏樂、民歌等融為一體，很具觀賞性、娛樂性。

白羊肚（dǔ）**毛巾** 是陝北服飾中最具特點的物品。

哈密市
吐魯番葡萄

哈密瓜

嘉峪關

敦煌市

嘉峪關市
酒泉衛星發射基地
酒泉市
內 蒙 古 自 治 區（西部）
巴彥淖爾市
包頭市
呼和浩特市

敦煌莫高窟

甘

肅

柴達木盆地

省
武威市
金昌市
烏海市
石嘴山市
銅川市
鄂爾多斯市

犛牛

青 海 省

西寧市
吳忠市
中衛市
榆林市

海東市

白銀市
固原市
寧夏回族自治區
延安市
陝

枸杞
黃
土
高
原

蘭州市
慶陽市

黃
定西市
平涼市
西
河
兵馬俑
銅川市
華山
天水市
寶雞市
渭南市
省
隴南市
咸陽市
西安市
華山

漢中市
商洛市

安康市

19

青海省

青海省屬「世界屋脊」青藏高原的一部分，有「世界屋簷」之稱，位於我國西北地區中部，青藏高原東北部，是長江、黃河、瀾滄江的發源地，被譽為「江河源頭」「中華水塔」。東部、北部與甘肅省相接，西南部毗連西藏自治區，東南部接四川省，西北部和新疆維吾爾自治區為鄰。

【面積】約 72 萬平方公里
【人口】戶籍人口 558 萬，常住人口 568 萬
【省會】西寧市
【行政區劃】現轄 1 個地級市、1 個地區、6 個自治州、4 個市轄區、2 個縣級市、30 個縣、7 個自治縣

塔爾寺是青海藏傳佛教中的第一大寺院，酥油花、壁畫和堆繡被譽為「塔爾寺三絕」。

青海湖是中國最大的內陸湖泊，國內最大的鹹水湖。湖中的鳥島是鳥類的樂園。

可可西里是目前世界上原始生態環境保存最完美的地區之一。這裏自然條件惡劣，人類無法長期居住，被稱為「世界第三極」「生命的禁區」，但卻是「野生動物的樂園」。

須彌山石窟是寧夏最大的石窟群，中國十大石窟之一。現存洞窟162座，以北周和隋唐開鑿的大型廟窟的石雕造像最為精美。

> **同心清真大寺**是寧夏歷史最久、規模最大的清真寺之一，寺院建築融合了我國傳統木構建築藝術和伊斯蘭木刻磚雕裝修藝術。

回族主要聚居於寧夏回族自治區。回族信仰伊斯蘭教，為了宗教活動和生活習俗上的便利，回民習慣在住地建禮拜寺（又稱清真寺），圍寺而居。

寧夏回族自治區

寧夏回族自治區，簡稱寧，位於中國西部的黃河上游地區，東鄰陝西省，西部、北部接內蒙古自治區，南部與甘肅省相連。自古就是內接中原、西通西域、北連大漠的要塞（sài）之地，總面積為 6.6 萬平方公里，是中國面積最小的省區之一。

【面積】約 6.6 萬平方公里
【人口】戶籍人口 652 萬，常住人口 639 萬
【首府】銀川市
【行政區劃】現轄 5 個地級市、9 個市轄區、2 個縣級市、11 個縣

甘肅省

甘肅省，簡稱甘或隴，位於我國西北部，地處黃河上游，東鄰陝西省，西連新疆維吾爾自治區、青海省，南靠四川省，北與內蒙古自治區、寧夏回族自治區和蒙古國接壤。全省被黃土高原、青藏高原、內蒙古高原與新疆庫姆塔格沙漠所環繞。

【面積】約 43 萬平方公里
【人口】戶籍人口 2,729 萬，常住人口 2,564 萬
【省會】蘭州市
【行政區劃】現轄 12 個地級市、2 個自治州、17 個市轄區、4 個縣級市、58 個縣、7 個自治縣
【世界遺產】敦煌莫高窟

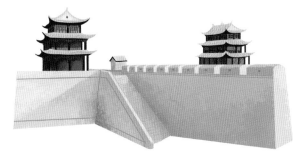

敦煌莫高窟以精美的壁畫和生動的塑像聞名於世，是世界上現存規模最大、內容最豐富的佛教藝術聖地之一。

鳴沙山因沙動成響得名。山體由紅、黃、綠、白、黑色米粒狀沙堆積而成。**月牙泉**因形似一輪新月而得名，歷經千年不乾枯，流沙掩埋不住清泉。

嘉峪關為明代萬里長城的西端起點，同時也是古「絲綢之路」的交通要衝（chòng），被稱為「河西咽喉」，素有「河西重鎮」「邊陲鎖鑰（yuè）」之譽。

喀納斯湖
是新疆阿勒泰地區北部的著名淡水湖，被譽為「人間淨土」。蒙古族後裔圖瓦人世世代代在這裏保持着原始的生活狀態，安靜地生活着。

天山天池是著名的火山口湖，湖面海拔 1,900 多米，群山終年積雪，冰川延綿。湖畔森林茂密，綠草如茵，風景十分壯美，有着「天山明珠」的美譽。

塔克拉瑪干沙漠是中國最大的沙漠，也是世界第二大流動性沙漠，位於塔里木盆地中部。

吐魯番葡萄吐魯番是我國葡萄主要生產基地。這裏氣溫高、日照時間長、晝夜溫差大，出產的葡萄非常香甜。

新疆維吾爾自治區

新疆維吾爾自治區，簡稱新，位於我國西北地區，是我國邊境線最長的省區，東部與甘肅、青海兩省相連，東北部與蒙古毗鄰，北部同俄羅斯接壤，西北部及西部分別與哈薩克斯坦、吉爾吉斯斯坦和塔吉克斯坦接壤，西南部與阿富汗、巴基斯坦、印度接界，南部與西藏自治區毗鄰。

【面積】約 166 萬平方公里
【人口】戶籍人口 2,203 萬，常住人口 2,209 萬
【首府】烏魯木齊市
【行政區劃】現轄 2 個地級市、7 個地區、5 個自治州、11 個市轄區、22 個縣級市、62 個縣、6 個自治縣。境內還有生產建設兵團 10 個農業師、3 個農場管理局、1 個建工師，共 185 個農牧團場。

新疆生產建設兵團位於新疆維吾爾自治區境內，是中國現存的最後一個生產建設兵團，也是中國最大的兼具戍邊屯墾、實行「軍、政、企合一」的特殊行政區劃單位。兵團的一級單位為師，師下設團或農場。

華東地區

華東地區位於中國東部沿海地區，是世界人口最密集的地方之一。

這裏海岸線很長，黃河、長江在這裏入海，處處是海灣、處處是良港。

這裏有東方明珠——上海，還有「人間天堂」蘇州和杭州。

江南水鄉是指長江以南的江蘇南部和浙江北部、安徽南部、江西東北地區，享有「人間天堂」的美譽。

京杭大運河是世界上里程最長、工程最大、最古老的運河，與長城並稱為中國古代的兩項偉大工程。

卿郵戳号：黑景

上海市，簡稱滬，地處太平洋西岸、亞洲大陸東部、長江三角洲前部，是我國南北海岸的中心點。

【面積】陸地面積約 6,340 平方公里
【人口】戶籍人口 1,419 萬，常住人口 2,347 萬
【行政區劃】現轄 16 個區、1 個縣

中國（上海）自由貿易試驗區，簡稱上海自由貿易區或上海自貿區，是上海市的一個自由貿易園區，也是內地第一個自由貿易園區。2013年8月，國務院正式批准設立。該試驗區成立時，以上海外高橋保稅區為核心，輔之以機場保稅區和洋山港臨港新城，成為中國經濟新的試驗田，實行政府職能轉變、金融制度、貿易服務、外商投資和稅收政策等多項改革措施，並將大力推動上海市轉口、離岸業務的發展。

南京路是上海最早的一條商業街，有「中華商業第一街」的美稱。

上海新天地是以上海近代建築的標志石庫門建築為基礎，改造成的集餐飲、購物、演藝等功能於一體的時尚、休閒文化娛樂中心。

名人故居大批優秀的愛國人士曾經將上海作為革命陣營，因此留下了很多名人故居，如宋慶齡故居、魯迅故居、陶行知故居、蔡元培故居、傅雷故居等。

朱家角古鎮是上海四大歷史文化名鎮之一，有「上海威尼斯」之稱，是上海保存最完好的江南水鄉古鎮。

上海港是中國最大的港口。

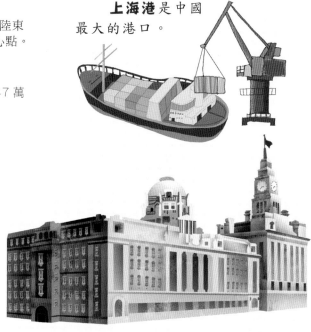

上海外灘位於黃浦江畔，是上海的風景線和到上海觀光的必遊之地，以風格各異的建築和美麗的夜景聞名，被稱為「萬國建築博覽群」。

崇明島地處長江口，是中國第三大島，被譽為「長江門戶、東海瀛洲」，是世界上最大的河口沖積島和最大的沙島。

黃浦江是上海重要的水道，長江入海之前的最後一條支流，在吳淞口注入長江，流經上海市區，將上海分割成了浦西和浦東。

浦東新區位於黃浦江東岸，成立於1993年，是中國改革開放的窗口和上海現代化建設的縮影，也是華東地區經濟發展的重要增長極和世界了解中國的窗口。

中共一大會址位於上海興業路的李書城寓所。1921年7月23日，中國共產黨第一次全國代表大會即在此舉行。

30年代月份牌上的老上海美女

豫園是上海老城廂僅存的明代園林，素有「奇秀甲江南」之譽，體現出明清兩代南方園林建築藝術的風格。

江蘇省

江蘇省，簡稱蘇，位於中國大陸東部沿海中心，地處長江、淮河下游，東瀕黃海，西連安徽省，北接山東省，南與浙江省和上海市毗鄰。江蘇省河流縱橫，湖泊遍布，京杭大運河貫穿南北。

【面積】陸地面積約 10 萬平方公里
【人口】戶籍人口 7,514 萬，常住人口 7,899 萬
【省會】南京市
【行政區劃】現轄 13 個地級市、55 個市轄區、23 個縣級市、24 個縣
【世界遺產】蘇州古典園林、明孝陵

太湖是中國第三大淡水湖。這裏魚蝦豐富，是我國重要的淡水水產基地，也是著名的「魚米之鄉」。

洪澤湖是中國第四大淡水湖，湖內生物資源豐富。

雨花石是一種天然瑪瑙石，有「石中皇后」「天賜國寶」的美譽。

周莊是典型的江南水鄉小鎮，有「中國第一水鄉」的美譽。

南京中山陵是偉大的革命先行者孫中山的陵墓。

淮揚菜曾為宮廷菜，目前國宴中的大多數菜肴仍屬於淮揚菜。

昆曲是我國最古老的劇種之一，流行於江蘇、浙江、上海等地。代表劇目有《琵琶記》《牡丹亭》等。

南京夫子廟是供奉和祭祀孔子的廟宇。

秦淮河是南京古老文明的搖籃和母親河，素為「六朝煙月之區，金粉薈萃之所」，被稱為「中國第一歷史文化名河」。

蘇州園林始建於公元前6世紀，20世紀初城內外有園林170多處，為蘇州贏得了「園林之城」的稱號，素有「江南園林甲天下，蘇州園林甲江南」之譽。其中，滄浪亭、獅子林、拙政園、留園統稱「蘇州四大名園」。

浙江省

浙江省，簡稱浙，地處我國東南沿海長江三角洲南翼，東臨東海，南接福建省，西與江西省、安徽省相連，北與上海市、江蘇省接壤。浙江省是我國島嶼最多的省份。

【面積】陸地面積約 10 萬平方公里
【人口】戶籍人口 4,781 萬，常住人口 5,463 萬
【省會】杭州市
【行政區劃】現轄 11 個地級市、32 個市轄區、22 個縣級市、35 個縣、1 個自治縣
【世界遺產】中國丹霞地貌‧江郎山、杭州西湖文化自然景觀

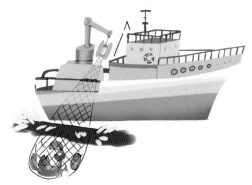

舟山漁場是中國最大的漁場，地處東海，主要產大黃魚、小黃魚、帶魚和墨魚。

浙北三古鎮指嘉善縣的西塘、桐鄉市的烏鎮和湖州市的南潯三鎮。三座古鎮相距較近，地方富庶，各有風味，人稱「浙北金三角」。

龍井茶是產於杭州西湖的我國第一名茶。

越劇是中國五大戲曲劇種之一，《梁山伯與祝英台》是最著名的劇目。

錢江湧潮發生在錢塘江流域，是天體引力和地球自轉的離心作用，加上杭州灣特殊地形所造成的周期性的潮汐現象。每年農曆八月十八，湧潮最大，排山倒海，猶如萬馬奔騰，蔚為壯觀。

杭州西溪濕地是罕見的城中次生濕地，是目前國內唯一的集城市濕地、農耕濕地、文化濕地於一體的國家濕地公園。

杭州西湖以其秀麗的湖光山色和眾多的名勝古迹而聞名中外，被賦予「人間天堂」的美譽，是世界文化遺產地。

千島湖即新安江水庫，是新安江水電站建成後形成的巨型人工湖泊。湖中有大小島嶼上千個，故名千島湖。

雁蕩山史稱「東南第一山」，因主峰雁湖崗上有着結滿蘆葦的湖蕩，年年南飛的秋雁棲宿於此而得名。

安徽省

安徽省，簡稱皖，位於華東腹地，跨長江、淮河中下游，東連江蘇省、浙江省，西接湖北省、河南省，南鄰江西省，北靠山東省，是近海臨江的內陸省份。

【面積】約 14 萬平方公里
【人口】戶籍人口 6,887 萬，常住人口 5,968 萬
【省會】合肥市
【世界遺產】黃山、皖南古村落（西遞、宏村）

黃山有「天下第一奇山」之譽，是世界文化與自然雙遺產。黃山風光極美，因此人們稱讚「五嶽歸來不看山，黃山歸來不看嶽」。

黃梅戲是安徽省主要的地方戲，全國知名的大劇種。起源於湖北黃梅，代表劇目有《天仙配》《女駙馬》等。

皖南古村落是位於皖南山區，具有強烈徽州文化特色和地域文化背景的歷史傳統村落。西遞和宏村是其中最具代表性的兩處。

淮河地處中國東部，介於長江和黃河兩流域之間，秦嶺——淮河線是中國南方和北方的分界線。

大別山位於安徽、湖北、河南三省交界處，呈東南往西北走向，是長江、淮河的分水嶺。

巢湖是中國五大淡水湖之一。其形狀如鳥巢狀，故得名巢湖。

徽班就是徽人的戲班。它最突出的是吸納、融合、磨煉出一個占了大半個中國和五十多個劇種的戲曲聲腔——皮黃，造就了一個偉大的劇種——京劇，成為「京劇之父」。

徽菜是中國八大菜系之一，以烹制山珍野味而著稱，代表菜有「清燉馬蹄鱉」「黃山燉鴿」「醃鮮鱖（guì）魚」等。

中國南方北方的分界線是哪兒？

九華山是中國佛教四大名山之一，享有「蓮花佛國」「佛國仙城」和「東南第一山」的美譽。

福建省

福建省，簡稱閩，位於我國東南沿海，北接浙江，西鄰江西省，西南與廣東省相連，東隔台灣海峽與台灣省相望，靠東海、南海而通太平洋。

【面積】約 12 萬平方公里
【人口】戶籍人口 3,552 萬，常住人口 3,720 萬
【省會】福州市
【行政區劃】現轄 9 個地級市，26 個市轄區、14 個縣級市、45 個縣
【世界遺產】武夷山、福建土樓、中國丹霞地貌‧泰寧

海壇島為我國第五大島，以海濱沙灘和海蝕地貌為兩大特色，有「海濱沙灘冠全國」「海蝕地貌甲天下」之稱。

台北故宮博物院仿照北京故宮博物院修建，院內珍藏着20多萬件從北京故宮運去的中華文物精品。

水果王國——台灣四季都出產水果，種類繁多，遠銷海外。

釣魚島是釣魚島列島的主島，位於中國東海，自古就是中國固有領土。

景点：華夏——风光带

武夷山自然景觀獨特，尤以丹霞地貌著稱，素有「碧水丹山」「奇秀甲東南」之美譽。其中，天遊峰有「天下第一險峰」之稱。

鼓浪嶼是廈門的一個美麗小島，島上匯集了中外風格各異的建築物，因此有「萬國建築博覽」之稱。小島還是音樂的沃土，人才輩出，又被稱為「鋼琴之島」「音樂之鄉」。

日月潭是台灣唯一的天然湖。北半湖形狀如圓日，南半湖形狀如彎月，日月潭因此而得名。

阿里山以神木、日出、雲海、晚霞與鐵路「五奇」盛景著稱，是全台灣最理想的避暑勝地。

高山族是台灣地區少數民族的統稱。高山族有自己的語言，沒有本民族文字。

惠安女是福建泉州惠東半島婦女的一個稱謂，以獨特的服飾、勤勞的精神聞名海內外。

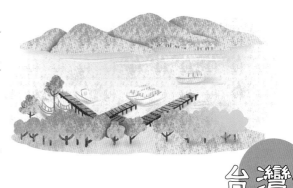

台灣省

台灣省，簡稱台，位於祖國大陸架東南緣，是一個由島嶼組成的海上省份。北臨東海，東北鄰琉球群島，東濱太平洋，南接巴士海峽，與菲律賓國相望，西隔台灣海峽與福建省相望。

【面積】陸地面積 3.6 萬平方公里
【人口】戶籍人口 2,316 萬
【省會】台北市

江西省

江西省，簡稱贛，別稱江右，因公元733年唐玄宗設「江南西道」而得名。位於中國東南偏中部、長江中下游南岸，東鄰浙江省、福建省，南連廣東省，西靠湖南省，北毗湖北省、安徽省而共接長江。省內的鄱（pō）陽湖是我國第一大淡水湖。

【面積】約17萬平方公里
【人口】戶籍人口4,753萬，常住人口4,488萬
【省會】南昌市
【行政區劃】現轄11個地級市、19個市轄區、11個縣級市、70個縣
【世界遺產】廬山、三清山、中國丹霞地貌·龍虎山（含龜峰）

廬山風光雄奇、險峻、秀麗、剛柔相濟，有「匡廬奇秀甲天下」的美譽。詩句「不識廬山真面目，只緣身在此山中」更是讓廬山為人們所熟知。

三清山是道教名山，風景秀麗，被譽為「中國最秀麗的山峰」。

滕王閣始建於唐朝永徽四年，與湖北黃鶴樓、湖南岳陽樓並稱為「江南三大名樓」，有「西江第一樓」的美譽。

美麗鄉村婺（wù）源之美，美在人與自然的和諧共處，文化與生態的完美結合。散布在山間田野的婺源古村落周邊大都有河流將其包圍。

中國最大的半島是哪個半島？

景德鎮陶瓷是陶瓷藝術的代表。青花瓷、玲瓏瓷、粉彩瓷、色釉瓷，合稱景德鎮四大傳統名瓷。

山東省

山東省，簡稱魯，位於中國東部沿海、黃河下游，境域包括半島和內陸兩部分。東部山東半島向東伸入黃海和渤海之間，隔海與遼東半島南北遙對；西部連接內陸，從北向南分別與河北、河南、安徽、江蘇四省接壤。

【面積】陸地約 16 萬平方公里
【人口】戶籍人口 9,591 萬，常住人口 9,579 萬
【省會】濟南市
【行政區劃】現轄 17 個地級市、48 個市轄區、30 個縣級市、60 個縣
【世界遺產】泰山，曲阜孔府、孔廟、孔林

山東半島位於山東省東部，向東伸入黃海，是中國最大的半島。半島海岸蜿蜒曲折，是沿海良港集中地區。

泰山是我國「五嶽之首」、世界自然與文化雙遺產，自古就有「五嶽獨尊」「天下第一山」之美譽。

微山湖是我國著名淡水湖之一，抗日戰爭中鐵道遊擊隊的活動地，是華北平原最大的淡水湖。

碧海、藍天、綠樹、紅瓦、黃牆及依山就勢、鱗次櫛比的優美建築是**青島海濱**獨占鰲（áo）頭的風光特色。

魯菜是中國八大菜系之一，以味鮮鹹脆嫩、風味獨特、制作精細享譽海內外。

山東省是我國重要的蔬菜產地，被國家命名為**「中國蔬菜之鄉」**。

海市蜃（shèn）**樓**是一種難得一見的海上奇觀。它不僅為蓬萊披上了一層神祕的面紗，更成為孕育蓬萊悠久神仙文化的源泉。

趵（bào）**突泉**是濟南三大名勝之首，有「天下第一泉」之稱。

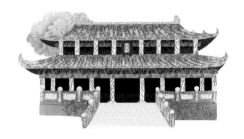

山東省素為「齊魯之邦，禮儀之鄉」，民風樸實淳厚。魯西地區傳統文化深重，是**孔孟之鄉**。

濰坊風箏

29

中南地區

中南地區位於中國的中南部，包括華中地區和華南地區。

這一地區經濟較為發達，水陸交通便利，人口眾多。

香港特別行政區和澳門特別行政區就位於這一地區。

南海諸島位於中國海南島東面和南面海域。包括數百個由珊瑚礁構成的島、礁、灘、沙和暗沙。依位置不同分為四群：東沙群島、西沙群島、中沙群島和南沙群島。

南海是位於中國南部的陸緣海，被中國大陸、中國台灣島、菲律賓群島、大巽（xùn）他群島及中南半島所環繞，為西太平洋的一部分。南海海域面積有356萬平方公里，蘊藏著豐富的石油和天然氣。

30

南沙群島位於哪個省？

洛陽牡丹

安陽市　濮陽市
新鄉市
鄭州市　開封市
三門峽市　洛陽市　登封市　商丘市
河 南 省
平頂山市
少林寺　周口市
南陽市
駐馬店市
十堰市　▲武當山
信陽市
襄陽市
神農架　隨州市
湖 北 省
荊門市　孝感市
宜昌市
荊州市　**武漢市**
黃石市
咸寧市

黃鶴樓

岳陽市

張家界市
益陽市　**長沙市**
湖
南　株洲市
省
懷化市
邵陽市
衡陽市
永州市

程陽風雨橋
郴州市

三江侗族自治縣
華南虎
桂林市
漓江
韶關市　梅州市
河池市
賀州市　丹霞山
柳州市
百色市
廣西壯族自治區　**廣 東 省**
梧州市　清遠市　河源市
廣州市　汕頭市
貴港市　佛山市　惠州市
南寧市　玉林市　雲浮市　深圳市　汕尾市
崇左市　開平市　珠海市　**香港**
陽江市　澳門　香港特別行政區
防城港市　茂名市　澳門特別行政區
北海市　湛江市
北 部 灣

開平碉樓

大三巴牌坊

海口市　紅樹林

海 南 省

三亞市

橡膠樹

三亞海濱位於海南島最南端，被稱為「天涯海角」之地，是美麗的熱帶海濱遊覽地。

河南省

河南省，簡稱豫，地處中原，位於我國中部偏東、黃河中下游，為中國古代九州的中心。河南省東接安徽、山東二省，北界河北、山西二省，西連陝西省，南臨湖北省。

【面積】約 17 萬平方公里
【人口】戶籍人口 10,922 萬，全國排名第 1 位。常住人口 9,388 萬
【省會】鄭州市
【行政區劃】現轄 17 個地級市、50 個市轄區、21 個縣級市、88 個縣
【世界遺產】洛陽龍門石窟、安陽殷墟、登封「天地之中」歷史建築群

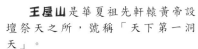

殷墟是中國歷史上第一個有文獻可考、並為甲骨文和考古發掘所證實的古代都城遺址。其出土的文物司母戊鼎（現通常稱為「后母戊鼎」）聞名中外。

王屋山是華夏祖先軒轅黃帝設壇祭天之所，號稱「天下第一洞天」。

古城開封地處中華民族歷史發源地、中國文化搖籃的黃河南岸，是我國七大古都之一。

豫劇也叫河南梆子、河南高調，具有樸直淳厚、富於鄉土氣息的劇種特色。著名的劇目有《穆桂英掛帥》《花木蘭》等。

洛陽龍門石窟始鑿於北魏孝文帝遷都洛陽（494 年）前後，保留有大量的宗教、美術、書法、醫藥、建築等方面的實物史料，堪稱一座大型石刻藝術博物館。

大相國寺位於開封，是宋代最大的寺院和全國佛教中心。始建於北齊天保六年（555 年）。

洛陽牡丹

少林寺是中國佛教禪宗祖庭，有「天下第一名剎」之譽。少林派武術馳名中外。少林寺塔林為歷代高僧的墓塔，是我國現存最大的塔林，是世界遺產「天地之中」歷史建築群的重要組成部分。

禪宗是漢傳佛教宗派之一，始於菩提達摩，盛於六祖惠能，中晚唐之後成為漢傳佛教的主流，也是漢傳佛教最主要的象徵之一。漢傳佛教宗派多來自於印度，但唯獨天台宗、華嚴宗與禪宗，是由中國獨立發展出的三個本土佛教宗派，其中又以禪宗最具獨特的性格。禪宗重視本性清淨，強調個人的修為以及神祕經驗，以開悟見性為修行重點。

紅旗渠是開鑿於太行山懸崖峭壁上的水利樞紐，被譽為「人造天河」「當代萬里長城」。

湖北省

湖北省，簡稱鄂，位於中國的中部，長江中游的洞庭湖以北，故稱湖北。湖北省東鄰安徽省，南界江西省、湖南省，西連重慶市，西北與陝西省接壤，北與河南省毗鄰。

【面積】約 19 萬平方公里
【人口】戶籍人口 6,164 萬，常住人口 5,758 萬
【省會】武漢市
【行政區劃】現轄 12 個地級市、1 個自治州、38 個市轄區、24 個縣級市、38 個縣、2 個自治縣、1 個林區
【世界遺產】武當山古建築群、明顯陵

武當山是道教名山和武當拳發源地，是中國現存最完整、規模最大、等級最高的道教古建築群。

神農架的植物資源和動物資源都十分豐富，特別是不解的「野人」之謎，更使這裏成為生態旅遊和探險旅遊的勝地。

洪湖位於江漢平原。湖北省最大的淡水湖。
東湖位於武漢市區，是中國最大的城中湖。
屈原故里位於宜昌市秭（zǐ）歸縣，是我國戰國時期楚國的偉大詩人屈原的故鄉。

三峽水利工程位於宜昌，是世界上規模最大的水利樞紐工程，也是中國有史以來最大型的工程項目，具有防洪、發電、航運等巨大功效。

武漢黃鶴樓是「江南三大名樓」之一，始建於三國時期。因唐代詩人崔顥（hào）一首「昔人已乘黃鶴去，此地空餘黃鶴樓」聲名大振。

李時珍是中國歷史上最著名的醫學家、藥學家和博物學家之一，所著的《本草綱目》對後世的醫學和博物學研究影響深遠。

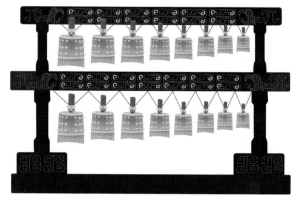

隋州出土的**編鐘**是中國傳統的古老打擊樂器，戰國時代鑄成。由青銅鑄成，依照大小排列，並懸掛在一個巨大的鐘架上使用。

湖南省,簡稱湘,地處中國中南部、長江中游,因省境大部分在洞庭湖以南而得名「湖南」,又因湘江貫穿全境,故簡稱為「湘」。

【面積】約 21 萬平方公里
【人口】戶籍人口 7,135 萬,常住人口 6,596 萬
【省會】長沙市
【行政區劃】轄 13 個地級市、1 個自治州、35 個市轄區、16 個縣級市、64 個縣、7 個自治縣
【世界遺產】武陵源、中國丹霞地貌・崀(làng)山

張家界是我國第一個國家森林公園,素以林海莽莽、樹木繁多而馳名,有「三千奇峰,八百秀水」之美稱。電影《阿凡達》也在這裏取景。

洞庭湖是我國第二大淡水湖,地跨湖南、湖北兩省,水面廣闊,號稱「八百里洞庭」。

鳳凰古城被稱為「中國最美麗的小城」,始建於清康熙四十三年(1704年),依山傍水,城內多為青石板街道,江邊林立木結構吊腳樓,極具古城特色。著名作家沈從文先生的名作《邊城》讓這裏家喻戶曉。畫家黃永玉的祖籍也是鳳凰。

岳陽樓原來是古代岳陽的城樓,因為宋代文學家范仲淹的散文《岳陽樓記》而名揚天下。這一名篇中著名的一句就是:先天下之憂而憂,後天下之樂而樂。

衡山是「中國五嶽」中的南嶽。有大小山峰72座,以祝融、天柱、芙蓉、紫蓋、石廩五峰最為著名。

湘繡是長沙一帶刺繡產品的總稱,我國四大名繡之一。其他三大名繡分別為蜀繡(四川)、蘇繡(江蘇)、粵繡(廣東)。

湘菜是我國八大菜系之一,口味側重鹹香酸辣,有濃厚的山鄉風味。主要名菜有「東安子雞」「紅煨魚翅」「面包全鴨」等。

廣東省

廣東省，簡稱粵，地處中國大陸最南部。北依南嶺與江西、湖南兩省相連，南臨南海並在珠江口東西兩側分別與香港特別行政區和澳門特別行政區接壤，東界福建省，西同廣西壯族自治區為鄰，西南部雷州半島隔瓊州海峽與海南省相望。

【面積】陸地面積約 18 萬平方公里
【人口】戶籍人口 8,637 萬，常住人口 10,505 萬
【省會】廣州市
【行政區劃】現轄 21 個地級市、56 個市轄區、23 個縣級市、39 個縣、3 個自治縣
【世界遺產】開平碉樓與古村落、中國丹霞地貌‧丹霞山

丹霞山是世界已發現的丹霞地貌中發育最典型、類型最齊全、造型最豐富、景色最優美的丹霞地貌集中分佈區。

開平碉樓是一個多世紀以前開平的鄉村修建的建築。它們形狀各異，有的像歐洲古城堡，有的像教堂，更多的是「四不像」。

廣州**黃埔軍校**全名陸軍軍官學校，是近代中國聞名的一所軍事學校，培養了許多抗日戰爭和國共內戰中聞名的指揮官。1946 年遷至台灣高雄鳳山。

珠江是我國第三大水系，我國南方第一大水系。

珠江三角洲位於廣東南部沿海，是西江、北江共同沖積成的大三角洲與東江沖積成的小三角洲的總稱。珠江三角洲人口密集，分佈着十幾個人口數百萬以上的大城市，在中國經濟發展與交通運輸上具有十分重要的作用。

粵劇是粵語區最大的劇種，又稱廣府戲、廣東大戲，發祥於佛山，唱腔以梆子、二黃為主，風格獨特。

粵菜是我國八大菜系之一。由廣州菜、潮州菜、東江菜組成。口味以清、鮮、嫩、脆為主，名菜有麒麟鱸魚、白切雞等。

客家人是漢民族在中國南方的一個分支，是古代的中原人民因戰亂、暴政、自然災害等原因，大批遷往粵、贛、閩等地區，在與當地居民融合的同時，又保持着原有的生產和生活習慣以及語言，逐漸形成的一個民系。

陳家祠位於廣州，是宏偉的清代宗祠建築，原稱「陳氏書院」，裝飾華麗，極富嶺南建築特色。

廣西壯族自治區，簡稱桂，地處我國南疆，為我國西南沿邊、沿江、沿海省份，北回歸線橫貫中部，南臨北部灣，東南、東北、北、西分別與廣東省、湖南省、貴州省、雲南省相鄰，西南與越南毗鄰。

【面積】約 24 萬平方公里
【人口】戶籍人口 5,369 萬，常住人口 4,645 萬
【首府】南寧市
【行政區劃】現轄 14 個地級市、34 個市轄區、7 個縣級市、56 個縣、12 個自治縣

十萬大山是廣西西南部的重要氣候分界線、廣西最年輕的褶（zhě）皺山脈。

潿（wéi）洲島是中國最大、最年輕的火山島。

壯族是中國少數民族人口最多的民族、嶺南的世居民族，主要分佈在廣西、雲南、廣東等省區。壯族人民能歌善唱，每年定期舉行歌墟，以農曆三月初三最為隆重。

劉三姐歌謠是國家級非物質文化遺產。劉三姐被廣西民間視為「歌仙」，以歌代言是劉三姐歌謠的特點。

龍脊梯田是桂林市龍勝各族自治縣和平鄉龍脊村以及平安村梯田等的統稱，有「梯田世界之冠」的美譽。

桂林漓江山水是以漓江風光和喀斯特地貌為代表的山水景觀，自古享有「山水甲天下」之美譽。

德天瀑布是亞洲第一大跨國瀑布，寬 100 多米，縱深約 60 米，落差近 50 米，是東南亞地區最大的天然瀑布，與越南的板約瀑布連為一體。

程陽風雨橋是侗族建築的代表，集橋、廊、亭三者於一身，不用一釘一鉚（mǎo），大小條木，鑿木相吻，以榫（sǔn）銜接，在中外建築史上獨具風韻。

海南省

海南省，簡稱瓊，是我國最年輕的省和最大的經濟特區，也是中國陸地面積最小、海洋面積最大的省。位於中國最南端，北以瓊州海峽與廣東省為界，西臨北部灣與越南相對，東瀕南海與台灣省相望，東南和南邊在南海中與菲律賓、文萊和馬來西亞等國為鄰。

【面積】陸地面積約 3.4 萬平方公里
【人口】戶籍人口 908 萬，常住人口 867 萬
【省會】海口市
【行政區劃】轄 3 個地級市、4 個市轄區、6 個縣級市、4 個縣、6 個自治縣

三亞是中國最南端濱海旅遊城市，素有「東方夏威夷」之稱。

西沙群島是中國南海諸島中最西部的群島，永興島是群島中最大的島嶼，中國最南端的城市——三沙市就在這裏。

博鰲（áo）**水城**是亞洲唯一定期定址的國際會議組織總部所在地，位於瓊海市博鰲鎮，以「博鰲亞洲論壇」而聞名。

天涯海角位於三亞，在海南島的最南端，海邊兩處巨石上的「天涯」和「海角」四字寓意為天之邊緣、海之盡頭。

海南省的地理條件適宜生產**咖啡豆**。海南的速溶咖啡、炒咖啡、椰奶咖啡都不錯。

千年古鹽田是最早采用日曬的製鹽場，至今保留完好的原始民間製鹽工序。

黎族是我國嶺南民族之一，主要聚居在海南省中南部各市縣。嚼檳榔、跳「竹竿舞」是黎族人民的傳統愛好。黎族婦女精於紡織，「黎錦」「黎單」聞名於世。

紅色娘子軍指中國工農紅軍第二獨立師女子特務連，芭蕾舞《紅色娘子軍》的原型，是中國革命女性的光輝代表。

香港特別行政區

香港特別行政區地處我國華南沿海，位於廣東省珠江口以東，北接深圳市，南為珠海市萬山群島，西與澳門特別行政區隔江相對。全區由香港島、九龍半島、新界及其他大小離島組成。除新界北部與大陸相連外，全區東、西、南三面均瀕臨大海。

【面積】約 1,104 平方公里
【人口】703.35 萬
【行政區劃】共設 18 個區

維多利亞港是亞洲第一、世界第三大海港，港闊水深，為天然良港，有「東方之珠」「世界三大天然良港」「世界三大夜景」之美譽。

海洋公園是亞洲最大的海洋主題公園，依山而建，擁有世界最大的海洋水族館。

星光大道位於尖沙咀海濱公園，為表揚幕前巨星和幕後電影工作者的傑出貢獻，記錄香港的百年電影史而建。

迪斯尼樂園是迪斯尼全球的第十一個主題公園。來到這裏，像走進一個奇麗夢幻的童話世界。

澳門特別行政區

澳門特別行政區位於我國華南沿海，地處珠江三角洲西岸、北回歸線以南。北以關閘為界與珠海經濟特區的拱北相連，東隔伶仃洋與香港相望，南面瀕臨南海。

澳門歷史城區是我國境內現存最古老、規模最大、保存最完整和最集中的東西方風格共存建築群，保存了澳門 400 多年中西文化交流的歷史精髓。

【面積】陸地面積約 29.2 平方公里，為全國面積最小的省級行政單位
【人口】54.22 萬，為全國人口最少的省級行政單位
【世界遺產】澳門歷史城區（世界文化遺產）

媽祖廟是澳門三大禪院中最古老的。明朝弘治元年（1488年），為紀念被信眾尊奉為海上保護女神的天后娘娘而建。

大炮台建於 1617 年至 1626 年間，大炮台上的古炮在 1622 年抵禦荷蘭人的入侵時，發揮了重要的作用。

大三巴牌坊是澳門的象徵之一，建成於 1637 年，是東方最大的天主教堂——聖保羅教堂大火後留下的一道殘垣遺壁。

聖安東尼教堂始建於 1558 年，是澳門最早的天主教堂。

西南地區

這個地區大部分是高原，其中青藏高原是世界上最高的高原，這裏有很多高高的雪山，珠穆朗瑪峰是世界最高峰。

這裏是熊貓的故鄉。童話世界——九寨溝、黃果樹瀑布也在這裏。

喜馬拉雅山脈位於我國和巴基斯坦、印度、尼泊爾和不丹等國境內。主峰珠穆朗瑪峰海拔8,844.43米，為世界第一高峰。

四川盆地位於四川省東部和重慶市西部，是中國各大盆地中形態最典型、緯度最低、海拔最低的盆地。

重慶市

重慶，簡稱渝，是中國四個中央直轄市之一，位於中國內陸西南部，長江上游、四川盆地東部邊緣。東臨湖北省、湖南省，南接貴州省，西靠四川省，北連陝西省。重慶是我國面積最大、行政區劃最廣的直轄市。

【面積】約 8.2 萬平方公里
【人口】戶籍人口 3,330 萬，常住人口 2,919 萬
【行政區劃】現轄 19 個區、15 個縣、4 個自治縣
【世界遺產】重慶大足石刻、中國南方喀斯特地貌·武隆

長江三峽是瞿塘峽、巫峽和西陵峽三段峽谷的總稱，全長193公里，是長江上最為奇秀壯麗的山水畫廊。

大足石刻為重慶市大足區境內摩崖造像石窟藝術的總稱，現存摩崖石刻造像5萬餘尊，銘文10萬餘字，遍布100多處。

天坑地縫為國家級風景名勝區，位於重慶奉節縣長江南岸，景區面積300餘平方公里。

青稞（kē）

西藏自治區

雪豹

雅魯藏布江

日喀則

8844.43▲珠穆朗瑪峰

武隆芙蓉洞中國國家地質公園，是世界上最美的石灰岩洞穴之一。有被稱為「五絕」的巨型石瀑布、珊瑚瑤池、「生命之源」、石花之王和犬牙晶花石，是世界洞穴景觀的稀世珍品。

山城棒棒軍是重慶街頭的臨時搬運工，他們質樸、勤勞，沿街遊蕩攬活，商賈旅人的貨物行李搬運，大都靠「棒棒」們完成。

青藏鐵路東起青海西寧，西至西藏拉薩，是世界上海拔最高的鐵路。

貴州黃果樹瀑布是中國最大的瀑布。

青海通往西藏拉薩的鐵路叫甚麼名字？

青藏鐵路

木錯

布達拉宮

●拉薩市 **西藏自治區**

雅魯藏布江

怒江

瀾滄江

金沙江

○昌都市

中國國寶——大熊貓
扎龍自然保護區

四 川 省

汶川
德陽市○
都江堰市 ●成都市

○廣元市

○綿陽市
南充市○

達州市○

廣安市○

雅安市○
樂山市○

樂山大佛

自貢市○
宜賓市○ 瀘州市○

資陽市○

重 慶 市

●
重慶市

W   E
N
S

答案：青藏鐵路

滇金絲猴

○麗江市

西昌衛星
發射基地
○攀枝花市

昭通市○

金沙江

六盤水市○

遵義市○

貴 州 省

貴陽市●

安順市○

黃果樹瀑布

忠縣石寶寨是中國目前僅存的幾座木結構建築之一，被稱為「世界八大奇異建築」。

保山市○

●大理市

臨滄市○

○普洱市

○曲靖市

●昆明市

雲 南 省 ○石林彝族自治縣
玉溪市○

石林

雲南石林位於石林彝族自治縣境內，有「天下第一奇觀」之稱。

四川省

四川省簡稱川或蜀，地處我國西南腹地，位於長江上游地區。東鄰重慶，南鄰雲南省、貴州省，西接西藏自治區，北接青海、甘肅、陝西三省。

【面積】約 49 萬平方公里
【人口】戶籍人口 9,058 萬，全國排名第 3 位。常住人口 8,050 萬
【省會】成都市
【行政區劃】現轄 18 個地級市、3 個自治州和 47 個市轄區、14 個縣級市、118 個縣、4 個自治縣
【世界遺產】黃龍、九寨溝、峨眉山 — 樂山大佛、青城山 — 都江堰、四川大熊貓棲息地

九寨溝因有九個藏族村寨得名。這裏風景如畫、五彩繽紛，猶如美麗的童話世界，是著名的世界自然遺產。

峨眉山山勢雄壯，風景秀麗，有「峨眉天下秀」之稱。

樂山大佛位於岷江、大渡河交匯處，依凌雲山的山路開山鑿成，是世界上最大的石刻彌勒佛坐像。

臥龍自然保護區地勢較高，氣候濕潤，適宜大熊貓的食物——箭竹和樺桔竹的生長，是著名的「熊貓之鄉」。

廣漢三星堆遺址是我國已發現的歷史最早、規模最大的古蜀都城遺址。這裏發掘出的青銅器造型奇特，世界聞名。

紅原大草原是中國濕地保護區，具有濕地草原風光、雪山森林景觀以及紅軍長征文化、宗教文化、藏鄉風情。

海螺溝冰川是亞洲東部海拔最低、離大城市最近、最容易進入的低海拔現代海洋性冰川。

川菜是我國八大菜系之一，以麻辣著稱。代表菜有「麻婆豆腐」「回鍋肉」「宮保雞丁」等。

都江堰是中國古代偉大的水利工程，建於戰國時期，兩千多年來，一直發揮着防洪灌溉的作用。

川劇是用四川話演唱的劇種，語言生動活潑，幽默風趣，充滿鮮明的地方色彩。其「變臉」「噴火」「水袖」獨樹一幟。

貴州省

貴州省，簡稱黔或貴，地處雲貴高原東部，東靠湖南省，南鄰廣西壯族自治區，西毗雲南省，北連四川省和重慶市，東西相距 595 公里，南北相距約 509 公里。

【面積】約 18 萬平方公里
【人口】戶籍人口 4,238 萬，常住人口 3,469 萬
【省會】貴陽市
【行政區劃】轄 6 個地級市、3 個自治州、13 個市轄區、7 個縣級市、56 個縣、11 個自治縣、1 個特區
【世界遺產】中國南方喀斯特地貌‧貴州荔波、中國丹霞地貌‧赤水

侗族大歌是一種多聲部、無指揮、無伴奏的民間合唱音樂。20世紀50年代被音樂界發現，打破了西方認為中國民間不存在多聲部合唱的偏見。

黃果樹瀑布是珠江水系白水河九級瀑布群中規模最大的一級瀑布，高77.8米，寬101米。1999年被大世界吉尼斯總部評為世界上最大的瀑布群，列入世界吉尼斯記錄。

茅台酒以「國酒」之稱馳名中外，與法國白蘭地、英國威士忌齊名為世界三大名酒（蒸餾）。

梵淨山被譽為「貴州第一山」，是世界上黔金絲猴的唯一分佈區。
貴州高原是雲貴高原的一部分，山脈較多，起伏較大，是中國洞穴瀑布旅遊資源最集中、最壯觀的地區。
荔波樟江是中國南方喀斯特地貌的代表，被列入世界自然遺產。
西江千戶苗寨是中國僅有、世界無雙的千戶苗寨，素有「苗都」「千戶苗寨」之稱，是研究苗族歷史、文化的「活化石」。
蠟染是我國古老的民間傳統紡織印染手工藝。安順的蠟染有 2000 多年的歷史，早在唐代就遠近馳名。

黔東南民族村寨集少數民族原生文化、自然生態、歷史遺存為一體，被譽為「世界上最大的民族博物館」。

苗族主要分佈在貴州、湖南等地。苗族人民創造了豐富多彩的民間文學和藝術，音樂、舞蹈和苗戲歷史悠久，「飛歌」享有盛名。

雲南省

雲南省，簡稱雲或滇，位於中國西南邊疆，毗鄰東南亞，東與貴州省、廣西壯族自治區為鄰，北與四川省隔着金沙江相望，西北與西藏自治區相連，西與緬甸國接壤，南和老撾、越南毗鄰。

【面積】約 39 萬平方公里
【人口】戶籍人口 4,562 萬，常住人口 4,631 萬
【省會】昆明市
【行政區劃】現轄 8 個地級市、8 個自治州、13 個市轄區、11 個縣級市、76 個縣、29 個自治縣
【世界遺產】麗江古城、「三江並流」自然景觀、中國南方喀斯特地貌·石林、澄江化石地、哈尼梯田

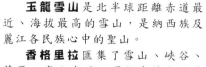

西雙版納是傣族聚居地，有着濃鬱的傣族風情。這裏動植物資源十分豐富，是有名的熱帶動植物王國。

玉龍雪山是北半球距離赤道最近、海拔最高的雪山，是納西族及麗江各民族心中的聖山。

香格里拉匯集了雪山、峽谷、草原、高山湖泊、原始森林和民族風情，有「高山大花園」「動植物王國」「有色金屬王國」的美稱。

路南石林以石多似林而聞名，是一座名副其實的由岩石組成的「森林」，這裏喀斯特地貌奇觀分佈範圍廣、類型多樣。

大理三塔是大理古文化的象徵，位於大理古城的崇聖寺內。主塔千尋塔高69.13米，與西安大雁塔、小雁塔同是唐代的典型建築。

麗江古城是中國歷史文化名城中唯一沒有城牆的古城。有着以東巴文化和納西古樂為代表的獨特歷史文化和民族風情。

東川紅土地被專家認為是除巴西里約熱內盧以外世界上最有氣勢的紅土地，其景象比巴西紅土地更為壯美。

哈尼梯田是哈尼族人世世代代留下的農業生態奇觀。元陽哈尼族開墾的梯田隨山勢地形變化，因地制宜，往往一坡就有成千上萬畝。

潑水節是傣族的新年佳節，也是雲南少數民族中影響最廣的節日之一。每年農曆四月舉行，盛況空前。

西藏自治區

西藏自治區，簡稱藏，位於青藏高原西南部，北鄰新疆維吾爾自治區，東連四川省，東北緊靠青海省，東南連接雲南省，南、西與緬甸、印度、不丹、尼泊爾等國毗鄰。

【面積】約 123 萬平方公里，全國排名第 2 位
【人口】戶籍人口 302 萬，常住人口 303 萬
【首府】拉薩市
【行政區劃】現轄 1 個地級市，6 個地區、1 個市轄區、1 個縣級市、72 個縣
【世界遺產】布達拉宮歷史區（包括布達拉宮、大昭寺、羅布林卡）

布達拉宮 是歷世達賴喇嘛的冬宮和供奉其靈塔的地方，是藏族人民心中的聖地，被譽為「世界屋脊上的明珠」。

川藏公路 連接四川與西藏，是中國築路史上工程最艱巨的公路，也是世界上海拔最高的公路之一，是西藏與祖國內地聯繫的重要通道。

青藏鐵路 是穿越世界屋脊、連接青海與西藏的天路，也是世界上海拔最高的鐵路。

納木錯是西藏自治區最大的內陸湖，我國第二大鹹水湖，為西藏三大聖湖之一。

藏羚羊 是我國特有物種，背部呈紅褐色，腹部為淺褐色或灰白色，主要分佈在青藏高原的可可西里地區。

藏族哈（hǎ）達
是藏族禮儀中的珍貴禮物，一種生絲織品，有藍、白、黃、綠、紅及五彩哈達等種類。獻哈達是對人表示純潔、誠心、忠誠的意思。

藏族 是主要生活在青藏地區的少數民族，有自己的語言和文字。藏袍是藏族的主要服裝款式。獻哈達是藏族待客規格最高的一種禮儀。牧區藏民多住易拆裝的帳房，藏族民居最具代表性的是碉房。青稞等制作的糌粑（zān bā）和酥油、青稞酒是農牧民的主要食品。

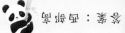

中國的陸地是甚麼樣子的呢？

　　看一下自己的臉，你都發現了甚麼？有眉毛，有眼睛，有鼻子，有嘴巴。這些五官高低不平。

　　陸地也有自己的「五官」——有高原，有平原，有盆地，有山峰，有沙漠，有河流。神奇吧！

準噶爾盆地

呼倫貝爾草原

東北平原

塔里木盆地
塔克拉瑪干沙漠

•艾丁湖
−154.31

內蒙古高原

柴達木盆地

青海湖

黃土高原

華北平原

渤海

黃海

青藏高原

四川盆地

長江中下游平原

珠穆朗瑪峰
8844.43

雲貴高原

釣魚島 •赤尾嶼

東海

東沙群島

南海

東沙群島
西沙群島
中沙群島 黃岩島
南海
南沙群島
曾母暗沙
南海諸

東北平原位於大興安嶺、小興安嶺和長白山之間，是中國最大的平原。

塔里木盆地盛產石油和天然氣，有大面積的沙漠和胡楊林。著名的羅布泊（pō）也在這兒。

中國的地勢是東部高還是西部高？

中國最大的高原：青藏高原

中國最大的平原：東北平原

中國最大的盆地：塔里木盆地

中國最大的沙漠：塔克拉瑪干沙漠

中國最大的草原：呼倫貝爾草原

中國最高的山峰：珠穆朗瑪峰

中國最長的河流：長江

中國最大的湖泊：青海湖

中國海拔最低的湖泊、中國陸地的最低點：

艾丁湖

中國最大的海：南海

中國地理之最

在地圖上找一找，看看它們分別處在中國的哪個位置？

中國的四大高原

青藏高原、內蒙古高原、黃土高原、雲貴高原

中國的四大盆地

塔里木盆地、准噶爾盆地、柴達木盆地、四川盆地

中國的三大平原

東北平原、華北平原、長江中下游平原

青藏高原是世界上最高的高原，被稱為「世界屋脊」。

中國最高的山峰是哪座？

中國是一個多山的國家。

中國有很多高山、名山，有的雄偉，有的險峻，有的秀美，你知道哪些山峰呢？

珠穆朗瑪峰
8844.43米

哪座山峰既是中國最高峰，又是世界最高峰？

廬山
1473.4米

由於地球板塊在不停地運動，珠穆朗瑪峰還在不停地長高。

泰
1532

唐代大詩人李白的一首《望廬山瀑布》，讓廬山名揚天下。

泰山是中國「五嶽」中的「東嶽」。

（單位：米）

4374 ⛰
友誼峰

8611 ⛰喬戈里峰

恒山
2016.1

泰山
⛰ 1532.7

華山
2154.9

⛰ ⛰嵩山 1491.7

8844.43 ⛰珠穆朗瑪峰

廬山
1473.4

黃山
1864.8

衡山
1300.2

武夷山
2160.8

中國五嶽

東嶽泰山	西嶽華山
南嶽衡山	北嶽恆山
中嶽嵩山	

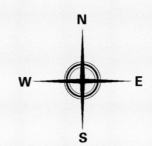

喬戈里峰
8611米

喬戈里峰是世界上最難攀登的山峰之一。

武夷山
2160.8米

黃山
1864.8米

武夷山有很多動物，生物學家把它稱為「研究兩棲、爬行動物的鑰匙」「鳥類天堂」「蛇的王國」「昆蟲世界」。

黃山被稱為「天下第一奇山」。人們常說「五嶽歸來不看山，黃山歸來不看嶽」。

47

中國最長的河流是哪條？

　　長江和黃河是中國最長的兩條大河，它們都發源於中國西部的雪山，自西向東流，橫穿中國，最後流入大海。它們孕育了源遠流長的中華文明。

　　除了長江和黃河，中國還有哪些大江大河呢？

全長6397公里，注入東海

揚子鱷

長江

全長5464公里，注入渤海

黃河鯉魚

黃河

全長4370公里，中國境內長3420公里，
在俄羅斯境內注入鄂霍次克海

大馬哈魚

黑龍江

珠江

全長2214公里，注入南海

48

黑龍江

塔里木河

黃河

三江源地區

雅魯藏布江

瀾滄江

長江

珠江

黃河流經黃土高原的時候，河水帶入了大量泥沙，這些泥沙不斷將河床抬高，使黃河下游的河床比地面還要高出許多，成為一條地上「懸河」。

三江源地區位於青藏高原，長江、黃河、瀾滄江三條大河從這裏發源。

瀾滄江是一條國際河流，發源於中國青海省，流出中國後稱為湄公河，它流經中國、緬甸、老撾、泰國、柬埔寨和越南。

黃河的流向看起來像甚麼漢字？

49

中國有哪些湖泊呢？

青海湖是中國最大的鹹水湖，也是中國最大的湖泊。

鄱陽湖是中國最大的淡水湖。

中國還有一個特別能產鹽的湖，叫察爾汗鹽湖，是中國最大的鹽湖。

青海湖中的甚麼島每年都能吸引很多鳥類前往？

中國五大淡水湖
鄱陽湖、洞庭湖、太湖、洪澤湖、巢湖

青海湖（鹹水湖）
4635平方公里

鄱陽湖（淡水湖）
3583平方公里

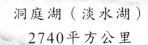

納木錯（鹹水湖）
1940平方公里

洞庭湖（淡水湖）
2740平方公里

太湖（淡水湖）
2420平方公里

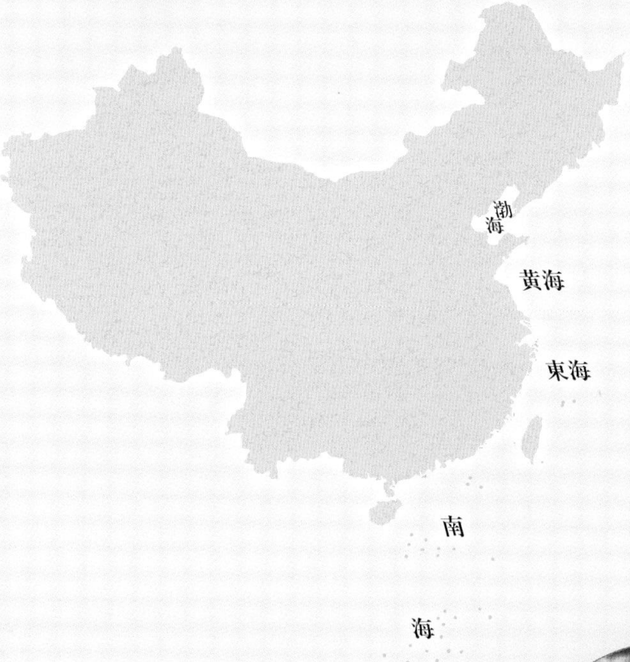

中國有哪些海洋呢？

中國有四大領海，包括渤海、黃海、東海、南海。
它們彼此相通，加起來的面積幾乎相當於中國大陸的一半。
南海是中國最大的海，這裏有很多很多的島嶼。

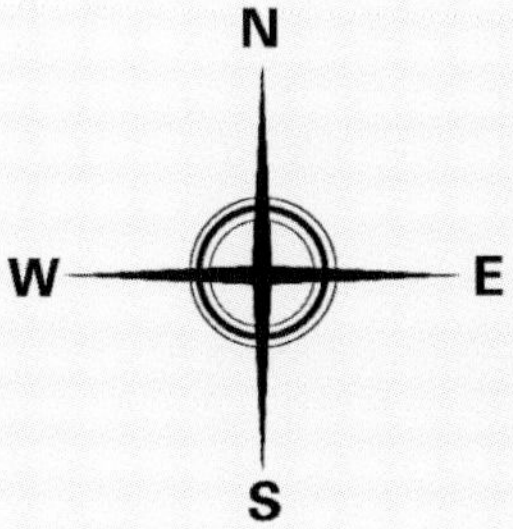

渤海

黃海

東海

南海

海

中國的四大領海中，
位置最北的是哪個？

渤海
7.7萬平方公里

黃海
38萬平方公里

東海
77萬平方公里

南海
350萬平方公里

鳴謝：蕪景

你知道氣溫是怎麼回事嗎？

2月的某一天。
北京正在下雪，氣溫是-8℃。
人們穿着厚厚的羽絨服，戴着圍巾。
其他地方是甚麼天氣呢？

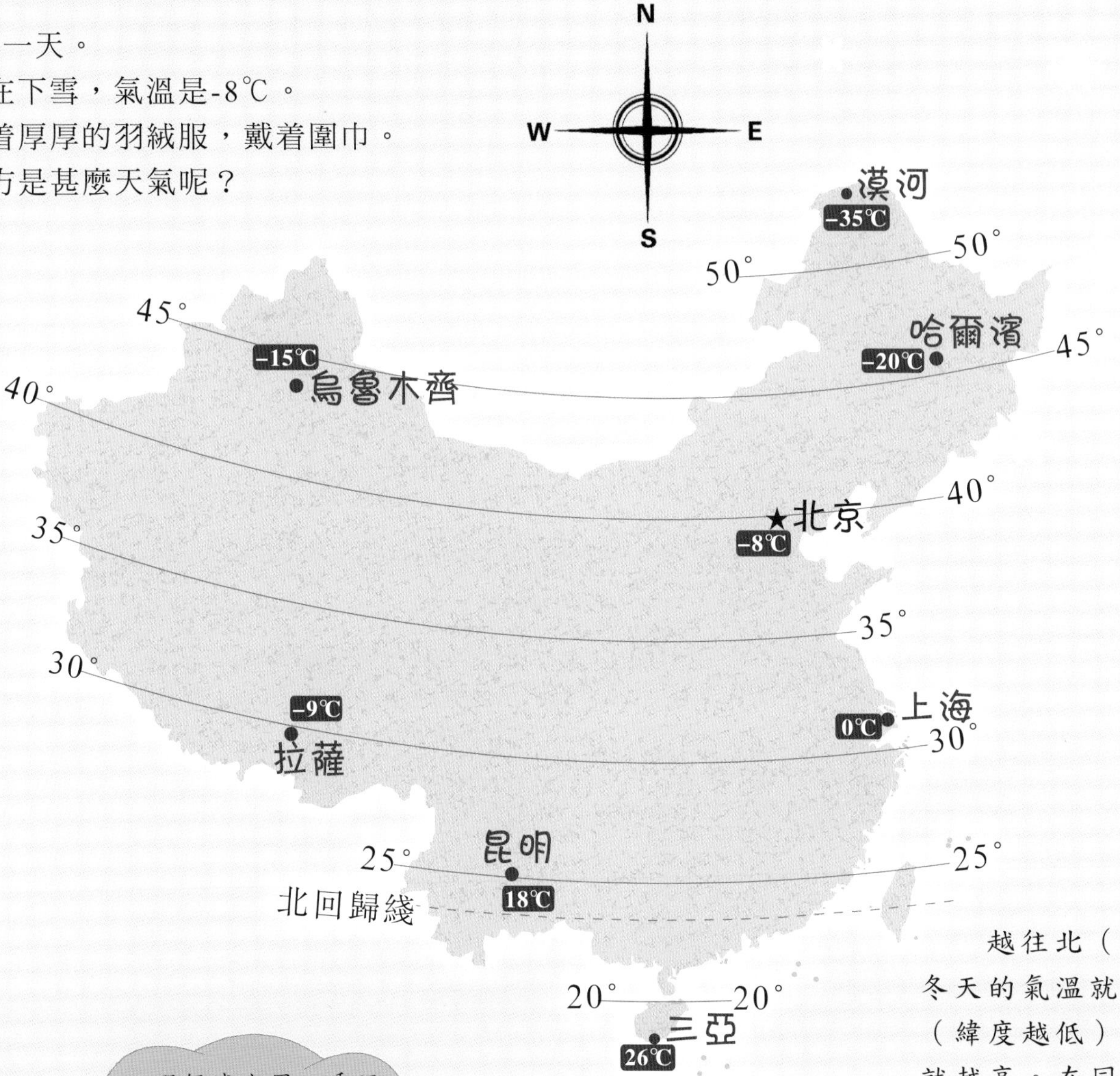

N
W　　E
S

漠河
-35℃

50°　　50°

45°
-15℃
烏魯木齊

哈爾濱
-20℃
45°

40°

★北京
-8℃
40°

35°
35°

30°
-9℃
拉薩

0℃ 上海
30°

25°
昆明
18℃

25°

北回歸線

20°　20°
三亞
26℃

哪個城市因四季溫暖如春而有「春城」之稱？

越往北（緯度越高），冬天的氣溫就越低；越往南（緯度越低），冬天的氣溫就越高。在同一緯度線上，海拔越高，氣溫越低。

烏魯木齊
-15℃

漠河
-35℃

北京
-8℃

哈爾濱
-20℃

拉薩
-9℃

昆明
18℃

三亞
26℃

上海
0℃

中國有哪些珍稀動物呢？

地球是人類的家園，也是動物的家園。

因為氣候、環境的不同，動物一般會選擇適合牠們生活的地方居住。

中國有哪些珍稀動物呢？

牠們都住在哪兒呢？

大馬哈魚

東北虎

丹頂鶴

紫貂

梅花鹿

雪豹

天鵝

蒙古馬

雙峰駝

褐馬雞

麋鹿

野犛牛

藏羚羊

大熊貓

揚子鱷

白鰭豚

中華鱘

金錢豹

大鯢（ní，即娃娃魚）

小熊貓

金絲猴

亞洲象

海豚

南海诸岛

54

東北虎主要分佈在中國東北地區。

紫貂特產於亞洲北部，在中國已被列為一級保護動物。

褐馬雞是中國特有的珍稀鳥類，屬國家一級保護動物，僅分佈在山西呂梁山和河北西北部。

大熊貓只分佈在中國，是中國的國寶。

可愛的**白鱀豚**生活在長江中，是國家一級保護動物。

中華鱘是中國特有的珍稀魚類，生活於長江流域，是國家一級保護動物。

麋鹿又稱「四不像」，因為它的臉像馬、角像鹿、蹄像牛、尾像驢，主要生活在位於北京、湖北、江蘇的自然保護區裏。

藏羚羊是中國珍稀物種之一，國家一級保護動物，被稱為「高原精靈」。

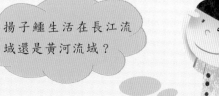

揚子鱷生活在長江流域還是黃河流域？

中國主要有哪些植物和水果呢？

北京的道路兩邊有很多楊樹、榆樹、柳樹、銀杏和月季。

福州的街道兩邊有很多榕樹和茉莉花。

找一找，你所在的城市都有哪些植物。

其他地方還有些甚麼植物呢？

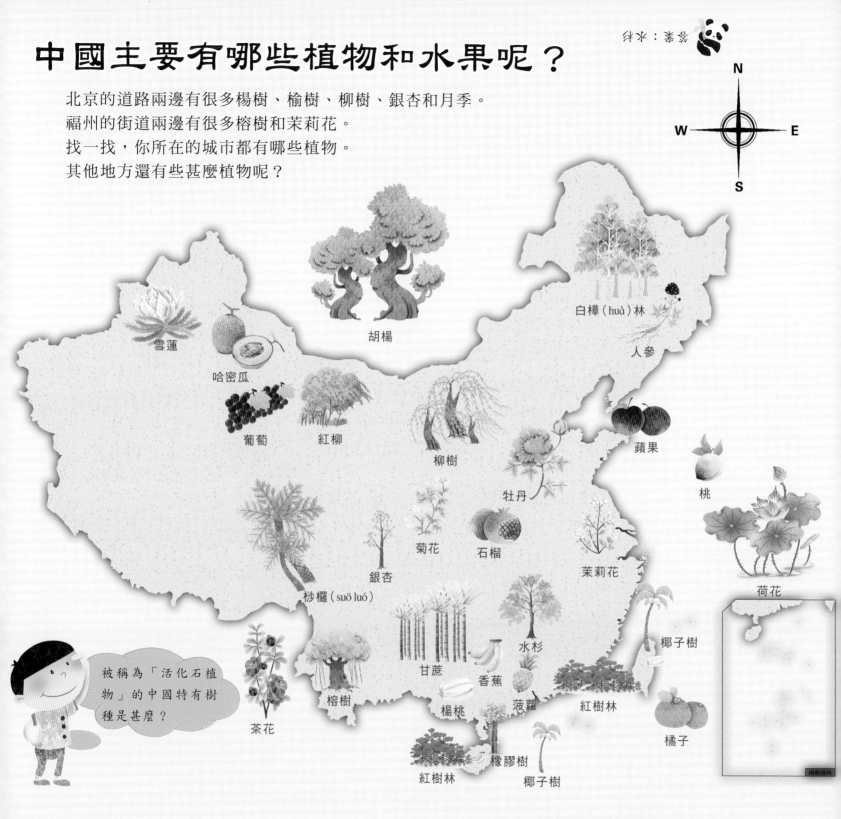

繪畫：蕭景

白樺（huà）林

人參

胡楊

雪蓮

哈密瓜

葡萄

紅柳

柳樹

牡丹

蘋果

桃

菊花

石榴

茉莉花

荷花

銀杏

娑欏（suō luó）

水杉

椰子樹

甘蔗

香蕉

菠蘿

紅樹林

橘子

茶花

榕樹

楊桃

紅樹林

橡膠樹

椰子樹

被稱為「活化石植物」的中國特有樹種是甚麼？

56

桫欏曾是地球上最繁盛的植物，現已被很多國家列為保護植物。

白樺樹樹幹修直，姿態優美，被稱為「森林中的少女」。

銀杏的壽命可達1000多歲。

珊瑚是動物還是植物？

榕樹是世界上樹冠最大的樹，可以「獨樹成林」。在雲南西雙版納可以看到這種奇觀。

紅樹林生長在熱帶、亞熱帶的海洋與陸地交界處，在中國主要分佈在海南、廣東、廣西、福建等地。

玫瑰

蘭花

中國有多少個民族呢？

中國有56個民族。

漢族是人口最多的民族，分佈在全國各地；其他55個民族人口較少，統稱為少數民族。

中國各民族分佈的特點是大雜居、小聚居。漢族地區有少數民族聚居，少數民族地區有漢族居住。

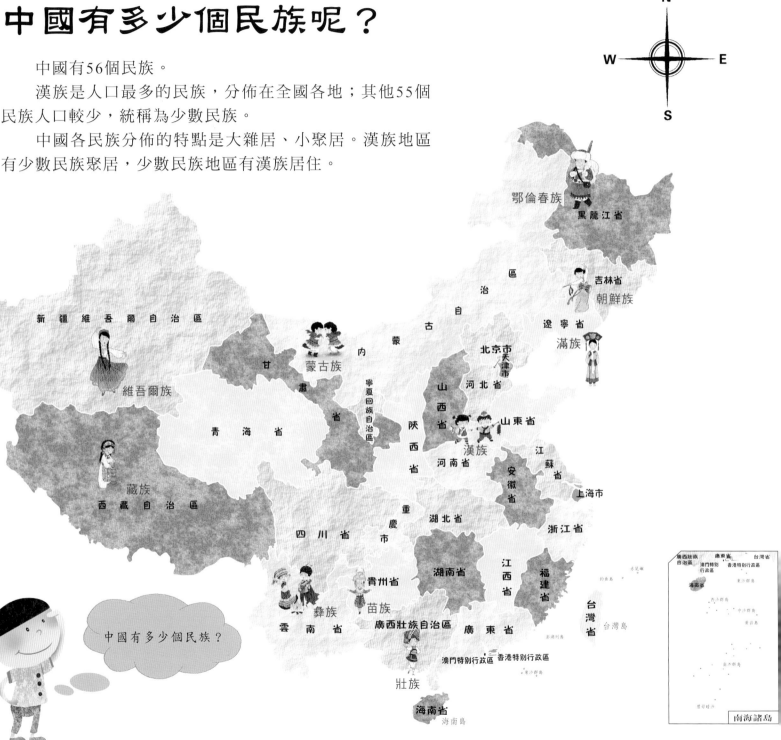

中國有多少個民族？

58

鄂倫春族曾經世世代代在東北興安嶺的原始森林裏以遊獵為生。

彝族主要分佈在雲南、四川、貴州等地。火把節是彝族最隆重的節日。

滿族主要分佈在遼寧、河北等地。

朝鮮族
主要分佈在遼寧、吉林、黑龍江等地。朝鮮族人民能歌善舞。

藏族主要分佈在西藏、四川、青海、雲南、甘肅等地。糌粑、酥油茶和青稞酒是藏族農牧民的主要食品。

蒙古族人民都很擅長騎馬,被稱為「馬背上的民族」,主要分佈在內蒙古自治區。

維吾爾族是一個能歌善舞的民族,主要分佈在新疆等地。

苗族主要分佈在貴州、湖南、雲南、四川、廣西等地。苗族姑娘喜歡穿戴銀飾,有「花衣銀裝賽天仙」的美稱。

壯族是中國人口最多的少數民族,主要分佈在廣西、雲南、廣東等地。

漢族是中國人口最多的民族,總人口超過全國人口的90%,分佈在全國各地。春節是漢族最隆重的節日。

答案:56個

59

各地的小朋友都吃甚麼呢？

山東的小朋友喜歡吃饅頭，湖南的小朋友喜歡吃米飯。
其他地方的小朋友喜歡吃甚麼呢？

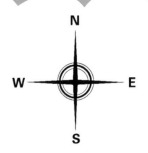

烤羊肉串

北京烤鴨

饢（náng）

麻花　包子

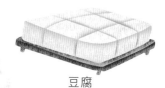
油條

烤全羊

糌粑

重慶火鍋

豆腐

竹筒飯

米線

端午節大家都要吃
一種食品，你知道
是甚麼嗎？

南海諸島

60

饅頭

米飯

麵條

餃子

元宵節吃湯圓　　　立春吃春卷

中秋節吃月餅

端午節吃粽子

天津大麻花
狗不理包子

北京烤鴨

饢

羊肉串

新疆地方美食

藏族糌粑

蒙古族烤全羊

61

爸爸媽媽小時候玩甚麼遊戲呢？

遊戲陪伴着小朋友們長大。

現在你可能經常玩電子遊戲，可是你的爸爸媽媽小時候玩的卻不是這些遊戲。

讓他們來告訴你，他們小時候都玩甚麼遊戲吧！

丟沙包不僅強身健體，還可以提高人的判斷能力和反應速度呢。

在冰上玩**抽陀（tuó）螺**最有意思了。

發條玩具上好發條後就會滿地亂走，非常滑稽搞笑。

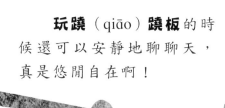

玩蹺（qiāo）蹺板的時候還可以安靜地聊聊天，真是悠閒自在啊！

跳繩還有很多花樣呢，你知道多少呢？

鬥拐遊戲在南方又叫「鬥雞」。

踢毽子

風箏大概可以算是人類最早的飛行器了。

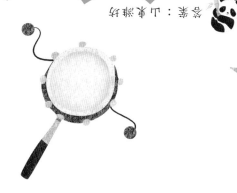

空竹在抖動時，隨着速度的加快，會發出嗡嗡的響聲。

撥浪鼓是小朋友喜歡的玩具，但是過去也有貨郎用它來招徠顧客。

風車是靠風力推動葉片轉動的，它的制作非常簡單，你來試試吧。

泥咕咕是河南浚（xùn）縣的一種泥塑玩具。人一吹，就能發出各種不同的聲音。

老虎是健康、勇敢的象徵，所以大人們喜歡給孩子做**布老虎**玩，希望孩子像老虎一樣強壯、勇敢。

滾鐵環需要一定的技巧呢。

只要在空地上，找顆小石頭畫個「房子」，小朋友們就能玩上半天，這個遊戲叫**跳房子**。

被稱為「世界風箏之都」的是哪個城市？

在東北的冰天雪地裏**玩雪橇**是件很過癮的事情。

你住在甚麼樣的房子裏？

中國幅員遼闊，有的地方很冷，有的地方很熱，有的地方乾燥，有的地方潮濕，有的地方是高山，有的地方是平原，有的地方人們以耕田為生，有的地方人們以遊牧為生。

所以，人們根據居住環境和生活方式來建造不同樣式的房子。

小朋友，看看能不能記住這些漂亮的房子吧。

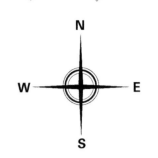

木刻楞

蒙古包

窰洞

四合院

現在，城市裏的人們大都住在高高的**樓房**裏。

碉房

哈尼族蘑菇房

吊腳樓

皖南古村落民居

客家土樓

除了居住外，客家土樓還有甚麼功能？

侗族的風雨橋

竹樓

黎族船形屋

答案：長城啊

南海諸島

64

皖南古村落民居
白牆黛瓦，看上去非常雅致。

傳說**蘑菇房**是哈尼族的祖先模仿蘑菇的樣子蓋起了自己的住房，主要分佈在雲南等地。

蒙古包是蒙古族牧民可以移動的房子。

木刻楞是北方俄羅斯族的典型民居。

四合院是華北地區的傳統民居，北京的四合院最為有名。

竹樓是雲南西雙版納傣族人民居住的房子，防潮防熱。

侗族的**風雨橋**既可供人行走過河，又可為人擋風避雨，主要分佈在貴州、廣西的侗鄉。

碉房是用石頭壘砌成的，外形像碉堡，所以叫碉房，主要分佈在西藏、青海、甘肅及四川西部。

從外面看，黎族的**船形屋**就像是一艘小船。

窰洞主要分佈在黃土高原上，它是在黃土坡上挖洞鑿出來的房子。

福建、廣東的山區中有一種房子叫**土樓**，它的裏面可以住下同一家族的上百戶人家。

吊腳樓是「吊起來的房子」，主要分佈在湘西、鄂西、貴州等地區。

中國都有哪些交通工具呢？

有的地方山路崎嶇，有的地方大河流淌。
有的地方冰天雪地，有的地方滿布沙漠。
不同的地方都有自己的交通工具，你知道有哪些嗎？

馬拉爬犁

雪地摩托

勒勒車

騎馬

駱駝

羊皮筏子

騎驢

毛驢拉車

人力三輪車

野氂牛

拖拉機

烏篷船

馬幫

竹排

溜索

輪船

磁懸浮列車是沿着帶有磁性的軌道懸浮運行的列車，速度可達到400～500公里/小時。

自行車（單車）

輪船

吉普車

摩托車（電單車）

小轎車

氂牛主要分佈在青藏高原，它不僅耐寒，還很有耐力，是當地居民重要的馱載工具。

帆船

有了**高速列車**，大家出行就更方便了。

有軌電車

地鐵使城市地面的交通不那麼堵塞了。

馬拉爬犁適合在甚麼路面上行駛？

67

你知道這些角色嗎？

這些都是著名故事裏有趣的人物。
找找看，有沒有你認識的呢。

西遊記

喜羊羊與灰太狼

聰明的喜羊羊總是能把狡猾的灰太狼打敗。

唐僧的三個徒弟都有自己的武器，你知道是甚麼嗎？

三個和尚

田螺姑娘

阿凡提的故事

一個和尚挑水吃，兩個和尚抬水吃，三個和尚沒水吃。你知道為甚麼嗎？

田螺姑娘和勤勞的農民最後過上了幸福的生活。

阿凡提為甚麼總是喜歡倒着騎毛驢呢？

答案：金箍棒、釘耙、降妖寶杖

哪吒鬧海

哪吒大鬧東海，砸了龍宮、捉了龍王，大快人心。

要是在今天，打虎可是犯法的哦！

武松打虎

葫蘆兄弟

葫蘆娃分別穿甚麼顏色的衣服？

九色鹿

九色鹿既漂亮又善良。

葫蘆娃兄弟七個，每個人都有神奇的本領。

三毛流浪記

比起三毛來，今天的小朋友們可是太幸福了。

傳説正月初三是「老鼠娶親」的大喜日子。

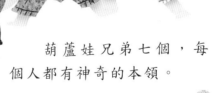

老鼠娶親

你想去哪裏玩兒呢？

中國有960萬平方公里的陸地。

在遼闊的大地上，既有美麗迷人的自然風景，又有豐富多彩的民族風情，還有令人讚歎的歷史古迹。

讓我們來見識一下吧。

喀納斯湖風光

敦煌石窟

青海湖鳥島

布達拉宮

珠穆朗瑪峰

樂山大佛

冰雪大世界

北京故宮

平遙古城

孔廟

嵩山少林寺

黃山

台北101大樓

黃果樹瀑布

滕王閣

桂林山水

澳門大三巴牌坊

日月潭

西雙版納

鼓浪嶼

南海諸島

黃山位於哪個省？

珠穆朗瑪峰是世界上最高的山峰。因為海拔高,所以氣溫低、空氣稀薄,有些人克服了困難,爬到了山頂。

鼓浪嶼位於福建廈門,島上鳥語花香,四季如春,有「海上花園」的美名。

孔廟位於山東曲阜。

日月潭是中國最美的湖泊之一。四周群山環抱,潭水清澈見底,風景非常優美。

黃果樹瀑布因當地一種常見植物「黃果樹」而得名。黃果樹瀑布群是世界上最大的瀑布群之一。

雲南西雙版納以神奇自然的熱帶雨林景觀和獨特的少數民族風情聞名於世。

北京故宮有很多的國寶級文物。

景戲岳:案答

去各地走走吧！

　　中國很大很大，需要了解的知識真是太多了。小朋友，放下書本，走出家門，去探索更多的中國奧祕吧！

責任編輯：于克凌
封面設計：黃文欣
版式設計：陳美連
印　　務：劉漢舉

地圖上的中國

主　編：黃曉鳳　鄢來勇
地圖繪製：吳義濤　蔡英紅

出版
中華書局（香港）有限公司
香港北角英皇道 499 號北角工業大廈一樓 B
電話：(852) 2137 2338　傳真：(852) 2713 8202
電子郵件：info@chunghwabook.com.hk
網址：http://www.chunghwabook.com.hk

發行
香港聯合書刊物流有限公司
香港新界大埔汀麗路 36 號
中華商務印刷大廈 3 字樓
電話：(852) 2150 2100　傳真：(852) 2407 3062
電子郵件：info@suplogistics.com.hk

印刷
美雅印刷製本有限公司
香港觀塘榮業街 6 號 海濱工業大廈 4 樓 A 室

版次
2015 年 2 月第 1 版
2018 年 3 月第 1 版第 4 次印刷
© 2015 2018 中華書局（香港）有限公司

規格
正 12 開（230 mm×240 mm）

ISBN：978-988-8310-30-2

本書由成都地圖出版社獨家授權中文繁體版在香港和澳門地區出版